Sainteté à l'Éternel!

Copyright © 2005 Global Nazarene Publications
17001 Prairie Star Pkwy,
Lenexa, KS 66220 USA

Toutes les citations bibliques sont tirées de la Bible, version Louis Segond, publiée en 1910 par l'Alliance Biblique Universelle. Cette version est maintenant dans le domaine public.

Typographie de la musique par David McDonald, MacMusic, Inc.

Table des Matières

Sainteté à l'Éternel 1

La Trinité 2-4

Dieu notre Père 5-19
   Adoration et Louange 5-14
   Son Amour 15-16
   Direction et Accompagnement
   17-19

Jésus notre Sauveur 20-51
   Adoration et Louange . . . 20-28
   Avent 29
   Naissance 30-33
   Vie et Ministère 34-36
   Souffrance, Mort, Expiation
   37-41
   Résurrection 42-45
   Ascension Et Règne 46-48
   Retour 49-51

Saint-Esprit 52-58
   Pentecôte 52-53
   Présence & Ministère 54-58

Grâce Prévenante 59-67
   Invitation 59-64
   Repentance 65-67

Grâce de Justification 68-77
   Témoignage 68-70
   Assurance et Foi 71-77

Grâce de Sanctification 78-90
   Aspiration et Consécration
   78-86
   Sainteté 87-90

Conserver la Grâce 91-109
   Confort, Espoir, Paix 91-93
   Communion avec Dieu . . 94-98
   Prière 99-103
   Combat Spirituel 104-106
   Vie Éternelle 107-109

L'Église 110-119
   Nature et Fondation 110
   Communion des Croyants
   111-112
   La Parole de Dieu 113
   Missions et Evangélisme
   114-116
   Réveil et Renouveau 117
   Enfants 118-119

Sacrements et Temps Particuliers
   120-125
   Baptême 120
   Nouvelle Année 121
   Reconnaissance 122-124
   Bénédictions 125

Avant-Propos

Il est bon de louer le Seigneur,
   Et de chanter ton nom, ô Très Haut!
       D'annoncer le matin ton amour,
           Et ta fidélité pendant les nuits. (Psaume 92.2-3)

Selon le psalmiste, il n'y a pas d'heure du jour ni de la nuit où les chants devraient s'arrêter. Le peuple des fidèles devrait continuellement chanter les louanges du grand Dieu qui règne avec majesté. Les chants qui proclament l'amour du Seigneur devraient faire partie du répertoire que les croyants chantent ensemble. Ensuite, le psalmiste révèle la source de ces chants glorieux:

Tu me réjouis par tes œuvres, ô Seigneur!
   Et je chante avec joie l'ouvrage de tes mains. (Psaume 92.5)

Le Dieu transcendant et très haut s'est approché pour bénir le peuple avec grâce, miséricorde et amour. Le chant de joie est la seule réponse adaptée à la bonté de Dieu.

Sainteté à l'Éternel présente des chants qui peuvent servir pour la louange et la proclamation de la gloire de Dieu. Les croyants francophones d'Afrique, des Caraïbes, d'Europe et d'Amérique du Nord peuvent utiliser ce livre de chant pour remplir leurs journées de louanges. Les hymnes de *Sainteté à l'Éternel* reprennent l'ensemble des thèmes chrétiens. Une attention toute particulière a été donnée aux chants qui reflètent l'appel de Dieu à une vie sainte, une doctrine centrale dans l'Église du Nazaréen. Des lectures bibliques et des confessions de foi sont intégrées parmi les cantiques afin de permettre au croyant d'entendre la révélation de Dieu, pour ensuite répondre par un chant.

Aussi, chantons avec joie pour le Seigneur. Célébrons la grandeur et la bonté de Dieu. Que le monde entier vous entende proclamer la merveille que le Dieu Saint a purifié un peuple saint.

Louange au Seigneur!

Remerciements

Depuis les tout premiers jours d'existence de l'Église du Nazaréen, les cantiques furent parmi les premiers instruments utilisés pour penser, enseigner et promouvoir les principes doctrinaux qui guident la dénomination. Les recueils de cantiques en anglais furent bientôt suivis par ceux en espagnol, portugais, chinois, thaï, birman, russe, allemand et beaucoup d'autres langues.

Peu comprennent le travail ardu que requiert la réalisation d'un recueil de chants. Les droits liés au copyright ne peuvent être accordés que lorsque le propriétaire du texte et de la partition ont été contactés, les détails négociés, et la permission pour la traduction obtenue. Cela nécessite temps, dévouement, persistance et argent.

C'est pourquoi je remercie avec beaucoup de gratitude les nombreuses personnes qui ont demandé un recueil de chants de sanctification en français. Les premières discussions eurent lieu il y a de cela de nombreuses années, lorsque Paul Orjala servait en Haiti puis en France. Son talent musical unique, associé à son expertise théologique et sa consécration aux missions, ainsi que son amour pour l'Église du Nazaréen, produirent l'étincelle qui maintenant, des années plus tard, devient réalité. Des contributions supplémentaires ainsi que des recherches faites par Harry Rich, Sharon Harvey, Trevor Johnston, Daniel Gomis, Scott Stargel, Stéphane Tibi, ainsi que l'excellent travail du coordinateur de ce projet, Keith Schwanz, ont donné comme résultat ce livre. Par ailleurs, j'adresse mes sincères remerciements au directeur de Littérature pour la mission mondiale, Steve Doerr, et à son équipe compétente, pour avoir fourni les ressources nécessaires à la création de ce recueil.

C'est un rêve devenu réalité, et un autre repère dans l'histoire de Littérature pour la mission mondiale. Je crois que le recueil ne sera pas seulement une excellente aide pour les chrétiens francophones, mais qu'il sera aussi un instrument par lequel beaucoup prendront conscience du désir de Dieu que tous participent à Sa sainteté.

A. Ray Hendrix
Directeur de Littérature pour la mission mondiale 1991-2004
Église du Nazaréen internationale

Comité consultatif pour la littérature francophone
Steve Doerr, Daniel Gomis, John Haines, Sharon Harvey,
Kathie Ketchum, Trevor Johnston, Sal Munedzimwe,
Scott Stargel, Stéphane Tibi.

1 Sainteté à l'Éternel

1. À la sainteté, peuple de Dieu, Grâce à Jésus nous sommes héritiers des cieux! D'un monde mauvais il nous a libérés De l'esclavage du péché inné.
2. À la sainteté, dans la lumière, Marche avec Christ, bien aimé de notre Père; Paré de grâce et vêtu de pureté, Par l'Esprit Saint, on vivra en sûreté.
3. À la sainteté, gloire à Jésus! Cette grâce bénie maintenant bien connue: Non la vertu, mais le Christ crucifié, Qui règne, vit et délivre du péché.
4. À la sainteté, épouse fidèle, Attend la venue de Jésus du ciel. Glorieux jour quand il retournera Pour amener son Église au-delà.

REFRAIN
Sainteté à l'Éternel: notre devise et chant; Sainteté à l'Éter-

PAROLES: John Seaman MUSIQUE: Lelia N. Morris
Paroles déposées © 2002 World Mission Literature Ministries. Tous droits réservés.

Nous Croyons   2

Nous croyons en un seul Dieu: Père, Fils et Saint-Esprit.

Nous croyons que les Écritures de l'Ancien et du Nouveau Testament données par inspiration plénière contiennent toutes les vérités nécessaires à la foi et à la vie chrétienne.

Nous croyons que tout être est né avec une nature déchue et est par conséquent enclin au mal, et cela continuellement.

Nous croyons que les pécheurs impénitents seront perdus pour l'éternité et sans espoir.

Nous croyons que l'expiation accomplie par Jésus-Christ est en faveur de toute la race humaine; et que quiconque se repent et croit en Jésus-Christ le Seigneur, est justifié, régénéré et affranchi de la domination du péché.

Nous croyons que les croyants doivent être entièrement sanctifiés après leur régénération par la foi en Jésus-Christ le Seigneur.

Nous croyons que le Saint-Esprit rend témoignage de la nouvelle naissance et aussi de l'entière sanctification des croyants.

Nous croyons que notre Seigneur reviendra, que les morts ressusciteront et que le jugement final aura lieu.

Amen!

L'Église du Nazaréen

Symbole de Nicée 4

Je crois en un seul Dieu, le Père tout-puissant,
Créateur du ciel et de la terre,
De l'univers visible et invisible.
Je crois en un seul Seigneur,
Jésus-Christ, le Fils unique de Dieu,
Né du Père avant tous les siècles :
Il est Dieu, né de Dieu, lumière, né de la lumière,
Vrai Dieu, né du vrai Dieu.
Engendré, non pas créé, de même nature que le Père,
Et par lui tout a été fait.

Pour nous et pour notre salut,
Il descendit du ciel,
Par l'Esprit Saint,
Il a pris chair de la Vierge Marie,
Et s'est fait homme.
Crucifié pour nous sous Ponce Pilate,
Il souffrit sa Passion et fut mis au tombeau.
Il ressuscita le troisième jour,
Conformément aux Écritures,
Et il monta au Ciel;
Il est assis à la droite du Père.
Il reviendra dans la gloire,
Pour juger les vivants et les morts;
Et son règne n'aura pas de fin.

Je crois en l'Esprit Saint,
Qui est Seigneur et qui donne la vie;
Il procède du Père et du Fils;
Avec le Père et le Fils,
Il reçoit même adoration et même gloire;
Il a parlé par les prophètes.
Je crois en l'Église une, sainte, universelle et apostolique.
Je reconnais un seul baptême pour le pardon des péchés.
J'attends la résurrection des morts
et la vie du monde à venir.

Amen

5 Les cieux et la terre

1. Les cieux et la terre Célèbrent en chœur
La gloire du Père, Du Dieu Créateur.
Qu'il est redoutable Dans sa majesté!
Qu'il est admirable Dans sa charité!

2. C'est lui qui nous donne Le printemps joyeux,
Les fruits de l'automne, L'été radieux.
Largesse infinie Que rien ne tarit,
Sa main rassasie Tout être qui vit.

3. La vive lumière Des cieux enflammés,
L'ombre et le mystère Des bois embaumés,
Le flot qui murmure, La fleur et le fruit,
Tout dans la nature Nous parle de lui.

4. Mais, ô Dieu suprême, Plus que tous tes dons,
C'est ton amour même Que nous adorons.
Ô source éternelle, De grâce et de paix,
Ton peuple fidèle Te loue à jamais.

PAROLES: Edmond Louis Budry   MUSIQUE: Johann Michael Haydn

Saint, saint, saint est l'Éternel 6

PAROLES: Henri Louis Empaytaz MUSIQUE: Inconnu

Gloire à Dieu! Monde, réjouis-toi! Oh! venez au Père: Jésus est vainqueur; Que toute la terre Chante en son honneur!

Bénis, mon âme 8

Bénis, mon âme, bénis l'Éternel, Bénis l'Éternel, bénis l'Éternel, Sa gloire remplit la terre et le ciel. Mon âme bénis l'Éternel.

PAROLES: Inconnu MUSIQUE: Inconnu

9   Bénissons Dieu notre Roi

1. Bénissons Dieu notre Roi, le puissant Roi de gloire! De ses bienfaits incessants célébrons la mémoire! Et qu'en tous lieux Sur la terre et dans les cieux Montent les chants de louange!
2. Bénissons Dieu notre Roi, dont la main étendue Porte ses faibles enfants comme l'aigle en la nuée! Il nous guérit, Son pouvoir est infini, Il nous remplit d'allégresse.
3. Bénissons Dieu notre Roi, qui toujours fait justice, À l'orgueilleux, redoutable, au plus humble propice! Riche en bonté Pour ses enfants révoltés, Son amour est sans limite.
4. Bénissons Dieu notre Roi, bénissez-le, saints anges! Frères qu'il a rachetés, proclamons ses louanges! Bénissez Dieu, Saintes milices des cieux! Et toi, bénis-le, mon âme!

PAROLES: Jules Vincent   MUSIQUE: *Stralsund Gesangbuch*

J'aime mon Dieu 10

1. J'aime mon Dieu, car son puissant secours
Montre qu'il a ma clameur entendue,
À mes soupirs son oreille est tendue:
Je veux aussi l'invoquer tous les jours.

2. Ta main puissante a détourné ma mort,
Séché mes pleurs, soutenu ma faiblesse;
Sous tes yeux donc je veux marcher sans cesse,
Toute ma vie, ô mon Dieu, mon support!

3. Je veux toujours obéir à tes lois,
Chanter ta gloire, invoquer ta puissance,
Et devant tous, plein de reconnaissance,
En hymnes saints faire éclater ma voix.

PAROLES: Théodore de Bèze MUSIQUE: P. Dagues

11 Grandes et merveilleuses

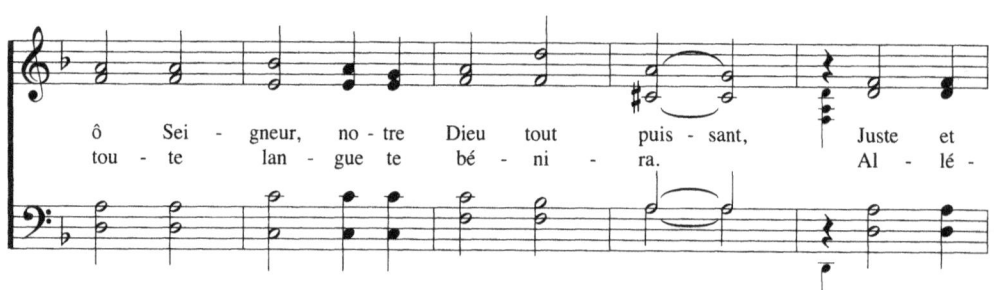

PAROLES: Adaptation d'après Stuart Dauermann MUSIQUE: Stuart Dauermann

Paroles et musique de Stuart Dauermann, traductions anglaise et française © 1972, renouvelé en 2000 par Lillenas Publishing Company. Tous droits réservés. Utilisé avec permission.

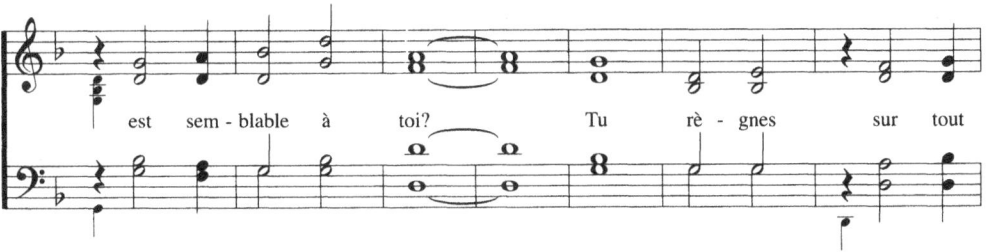

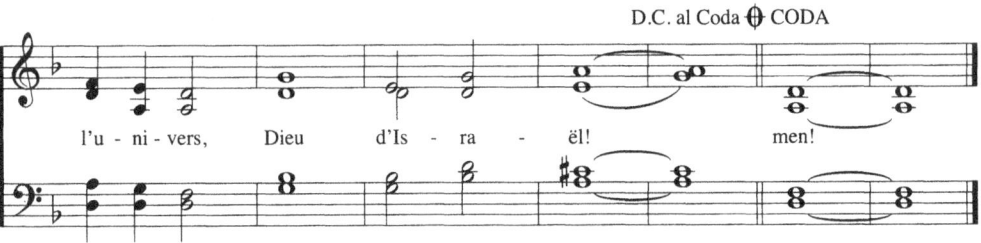

Bénissez l'Éternel   12

PAROLES: Inconnu   MUSIQUE: Inconnu

13   C'est un rempart que notre Dieu

1. C'est un rempart que notre Dieu! En ces jours de détresse, Il nous délivre, il nous tient lieu D'armet de forteresse. Notre ennemi mortel, Rusé, fort et cruel, Rugit, menace Le grand Dieu le Seigneur, C'est Dieu fait homme,
2. Seuls, nous serions bientôt perdus Dans ce péril extrême, Un héros nous a secourus, Choisi par Dieu lui-même. Il est notre Sauveur.
3. Quand tous les démons déchaînés Prétendraient te détruire, Ne crains point! ils sont condamnés Et ne sauraient te nuire. Eux tous, avec leur roi, Tomberont devant toi, Peuple fidèle!
4. Il faudra bien que, malgré tous, Subsiste la Parole! Car l'Éternel est avec nous, Son Esprit nous console. Qu'ils prennent tout, chrétiens, Notre vie et nos biens, laissons-les faire!

PAROLES: Ruben Saillens   MUSIQUE: Martin Luther

Source *À Toi la Gloire*. Avec permission.

Et re-dou-ble d'au-da - ce: Il n'a point d'é - gal sous le ciel!
Jé - sus-Christ il se nom - me; La vic-toi - re lui res - te - ra!
Pou vain - cre le re-bel - le, Il suf - fit d'un mot de la foi!
Ils n'y ga - gne-ront guè - re; Le Roy-au - me nous ap - par - tient!

Vous qui sur la terre habitez — 14

1. Vous qui sur la terre ha - bi - tez, Chan - tez à
2. N'est - il pas le Dieu sou - ve - rain, Ce - lui qui
3. En - trez dans son temple au - jour - d'hui Et pré - sen -
4. C'est un Dieu rem - pli de bon - té, D'une é - ter -

hau - te voix, chan - tez! Ré - jou - is - sez - vous
nous fit de sa main, Nous tous, le peu - ple
tez - vous de - vant lui; Cé - lé - brez son nom
nel - le vé - ri - té; Il nous com - ble de

au Seigneur, É - gay - ez - vous à son hon - neur!
qu'il ché - rit Et l'heu - reux trou - peau qu'il nour - rit?
glo - ri - eux Qui rem - plit la terre et les cieux.
ses bien - faits Et sa grâ - ce dure à ja - mais.

PAROLES: Théodore de Bèze   MUSIQUE: Louis Bourgeois

15 L'amour de Dieu

1. L'amour de Dieu de loin surpasse Ce qu'en peut dire un cœur humain; Il est plus grand que les espaces, Même en l'abîme il nous atteint. Pour le péché de notre monde, Dieu nous donna Jésus. Il nous pardonne, ô paix profonde, Ferait tarir les eaux Et remplirait la place en-

2. Versez de l'encre dans les ondes, Changez le ciel en parchemin, Tendez la plume à tout le monde Et que chacun soit écrivain: Vous dire tout l'amour du Père Ferait tarir les eaux Et remplirait la place en-

3. Et que le monde un jour chancelle Avec ses trônes et ses rois, Quand trembleront tous les rebelles, Soudain saisis d'un grand effroi, De Dieu l'amour que rien ne lasse Pour nous encore vivra: C'est le miracle de la

PAROLES: Claire-Lise de Benoit   MUSIQUE: Frederick M. Lehman

Paroles et musique de F. M. Lehman, 1917, traduction française, 1988 NPH;
Arr. © 1993 par Pilot Point Music. Tous droits réservés. Utilisé avec permission.

Qui nous séparera?   16

Car j'ai l'assurance que ni la mort ni la vie,

ni les anges ni les dominations,

ni les choses présentes ni les choses à venir,

ni les puissances,

ni la hauteur, ni la profondeur,

ni aucune autre créature ne pourra nous séparer de l'amour de Dieu manifesté en Jésus Christ notre Seigneur.

Romains 8.38-39

17 Ne craignez rien en ce monde

1. Ne craignez rien en ce monde, Dieu prendra soin de vous!
2. Et si votre cœur défaille, Dieu prendra soin de vous!
3. Il pourvoit à toute chose; Dieu prendra soin de vous!
4. Dans l'épreuve ou la souffrance, Dieu prendra soin de vous!

Qu'en lui votre foi se fonde, Dieu prendra soin de vous!
Ou si Satan vous assaille Dieu prendra soin de vous!
Qu'en paix votre âme repose; Dieu prendra soin de vous!
Courage, amis, confiance! Dieu prendra soin de vous!

REFRAIN

Dieu prendra soin de vous! De jour en jour, dans son amour,
Il prendra soin de vous, Dieu prendra soin de vous!

PAROLES: Adaptation d'après Civilla D. Martin
MUSIQUE: W. Stillman Martin

Notre Père prendra soin 18

Ne vous inquiétez pas pour votre vie de ce que vous mangerez,

ni pour votre corps, de quoi vous serez vêtus.

La vie n'est-elle pas plus que la nourriture,

et le corps plus que le vêtement?

Regardez les oiseaux du ciel:

ils ne sèment ni ne moissonnent, et ils n'amassent rien dans des greniers;

et votre Père céleste les nourrit.

Ne valez-vous pas beaucoup plus qu'eux?

Matthieu 6.25-26

Éternel, tu fus notre appui 19

1. É - ter - nel, tu fus notre ap - pui, Tu veux l'ê - tre tou - jours.
2. Sous ta gar - de, tes ser - vi - teurs Ont mar - ché sû - re - ment.
3. Sou - ve - rain du mon - de cré - é, Toi seul es é - ter - nel.
4. Ra - pi - des s'ef - fa - cent nos jours Comme un rêve au ma - tin;
5. Lors - que vien - dra la som - bre nuit, Lors - que vien - dra la mort,

Dans l'o - rage et la som - bre nuit, De toi vient le se - cours.
Dans nos com - bats, dans nos mal - heurs, Ton a - mour nous dé - fend.
Le mon - de passe et sa beau - té, Toi seul es im - mor - tel.
À toi seul nous a - vons re - cours, À ton a - mour di - vin.
Toi qui fus tou - jours notre ap - pui, Reste a - vec nous, Dieu fort!

PAROLES: J. E. Siordet MUSIQUE: William Croft

20   Chantons du Sauveur la tendresse

1. Chantons du Sauveur la tendresse: Sur la croix il est mort pour nous. Il remplit nos cœurs d'allégresse, Au ciel il nous invite tous.
2. Chantons du Sauveur la puissance: C'est lui qui brisa nos liens. Perdus, sans Dieu, sans espérance, Il nous racheta, nous fit siens.
3. Chantons, remplis de confiance! Chantons sans peur du lendemain, En paix, gardés par sa puissance, Conduits chaque jour par sa main.
4. Chantons du Rédempteur la gloire! Celui qui nous aime est le roi, Le roi couronné de victoire; À lui notre amour, notre foi!

REFRAIN
Je veux chanter, Je veux dire à tous mon bon-

PAROLES: Charles Rochedieu   MUSIQUE: James McGranahan

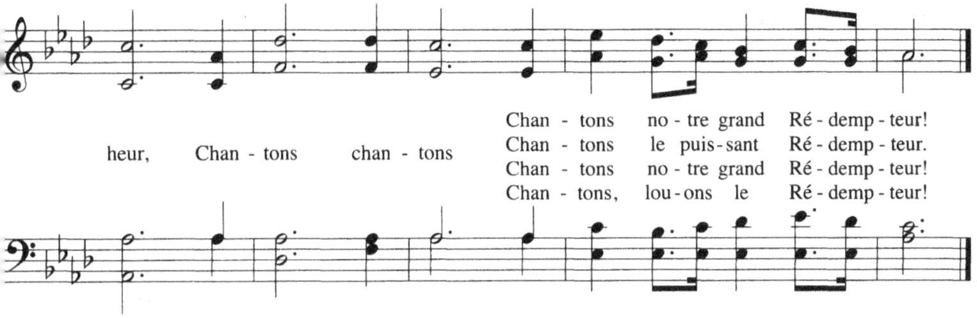

heur, Chan - tons chan - tons
Chan - tons no - tre grand Ré - demp - teur!
Chan - tons le puis-sant Ré - demp - teur.
Chan - tons no - tre grand Ré - demp - teur!
Chan - tons, lou - ons le Ré - demp - teur!

Toi qui disposes   21

1. Toi qui dis - po - ses De tou - tes cho - ses
2. Le don su - prê - me Que ta main sè - me,
3. Que, par ta grâ - ce, L'ins - tant qui pas - se

Et nous les don - nes cha - que jour, Re - çois, ô Pè - re!
C'est no - tre par - don, c'est ta paix; Et ta clé - men - ce,
Serve à nous rap - pro - cher de toi! Et qu'à chaque heu - re,

No - tre pri - è - re De re - con - nais - sance et d'a - mour.
Tré - sor im - men - se, Est le plus grand de tes bien - faits.
Vers ta de - meu - re Nos cœurs s'é - lè - vent par la foi!

PAROLES: Blanche Sautter   MUSIQUE: *Schlesische Volkslieder*

22. Ô quel bonheur de le connaître

1. Ô quel bonheur de le connaître, L'ami qui ne saurait changer, De l'avoir ici bas pour Maître, Pour défenseur et pour Berger.
2. Dans la misère et l'ignorance Nous nous débattions sans espoir, La mort au cœur, l'âme en souffrance, Quand à nos yeux il se fit voir.
3. Il nous apporta la lumière, La victoire et la liberté; L'ennemi mordit la poussière, Pour toujours Satan fut dompté.
4. Vers l'avenir marchons sans crainte Et sans souci du lendemain, Pas à pas nos pieds dans l'empreinte De ses pieds sur notre chemin.

REFRAIN

Chantons, chantons d'un cœur joyeux Le grand a-

PAROLES: Auguste Glardon MUSIQUE: James McGranahan

Le Symbole des Apôtres 23

Je crois en Dieu le Père tout-puissant,
créateur du ciel et de la terre.

Et en Jésus Christ,
son Fils unique, notre Seigneur,
qui a été conçu du Saint Esprit,
est né de la Vierge Marie,
a souffert sous Ponce Pilate,
a été crucifié,
est mort et a été enseveli,
est descendu aux enfers,
le troisième jour est ressuscité des morts,
est monté aux cieux,
est assis à la droite de Dieu le Père tout-puissant
d'où il viendra juger les vivants et les morts.

Je crois en l'Esprit Saint,
à la sainte Église universelle,
à la communion des saints,
à la rémission des péchés,
à la résurrection de la chair,
à la vie éternelle.

Amen.

Les bon-tés ma-gni-fi - ques De notre Em-ma-nu - el.
Son cœur tou-jours le mê - me, Ne les dé-lais-se pas.
Sa puis-sance in-fi-ni - e Pour-voit à nos be - soins.

Ton nom est admirable   25

1. Ton nom, Seigneur Jé - sus, est ad-mi-ra - ble,
2. Tu es le Tout-Puis-sant, le Prin-ce de la paix,

ton nom sur-pas - se tout au-tre nom.
l'É-toi-le du ma-tin, le Bon Ber - ger.

Tu es le Roi des rois, le Sei-gneur des sei-gneurs,
Tu es le Roi des rois, le Sei-gneur des sei-gneurs,

ton nom sur-pas - se tout au-tre nom.
ton nom sur-pas - se tout au-tre nom.

PAROLES: Inconnu   MUSIQUE: Inconnu

26 Ô Jésus ma joie

1. Ô Jésus, ma joie, toi que Dieu m'envoie, mon Sauveur, mon Roi, Viens à ma prière, mettre ta lumière et ta vie en moi. De mon cœur, sois le Seigneur. Hors de toi, seul
2. Quand le mal menace, ô Jésus, ta grâce s'offre à notre foi. Tu nous justifies, tu promets la vie à celui qui croit. Ton amour est mon recours, en lui seul je
3. Seul Jésus m'attire, seul il peut suffire pour remplir mon cœur. Il est ma richesse: tous les biens paraissent pour moi sans valeur. Les terreurs, ni les douleurs, ne méritent
4. Sois le seul exemple que mes yeux contemplent, ô Jésus, mon Roi! Donne-moi de vivre pour t'aimer, te suivre, et mourir en toi. Chaque jour, que ton amour me soutienne

PAROLES: Inconnu MUSIQUE: Johann Crüger

a - do - ra - ble,	rien n'est dé - si - ra - ble.
me con - fi - e.	Veil - le sur ma vi - e.
qu'on les crai - gne,	puis - que Jé - sus rè - gne!
dans ma voi - e,	ô Jé - sus, ma joi - e!

La Suprématie de Christ 27

Jésus Christ est l'image du Dieu invisible, le premier-né de toute la création.

Car en lui ont été créées toutes les choses

qui sont dans les cieux et sur la terre,

les visibles et les invisibles,

trônes, dignités, dominations, autorités.

Tout a été créé par lui et pour lui. Il est avant toutes choses, et toutes choses subsistent en lui.

Il est la tête du corps de l'Église;

il est le commencement, le premier-né d'entre les morts, afin d'être en tout le premier.

Car Dieu a voulu que toute plénitude habitât en lui;

il a voulu par lui réconcilier tout avec lui-même,

tant ce qui est sur la terre que ce qui est dans les cieux,

en faisant la paix par lui, par le sang de sa croix.

Colossiens 1.15-20

28 — Ô nom divin, nom rédempteur

1. Ô nom divin, nom rédempteur, Jésus, puissant Sauveur,
Jésus, puissant Sauveur! Nous prosternant tous devant toi.

2. Avec les anges dans les cieux, Les martyrs glorieux,
Les martyrs glorieux, Qui jadis ont souffert pour toi.

3. Rachetés au prix de ton Sang, Ô Sauveur tout-puissant,
Ô Sauveur tout-puissant, Sauvés par grâce, par la foi.

4. Bientôt nous te verrons au ciel Sur ton trône éternel
Sur ton trône éternel Mais ne vivant déjà qu'en toi.

REFRAIN

Nous te couronnons, Roi Nous te couronnons, Roi
Divin roi, Jésus. C'est toi Jésus,
C'est toi Jésus, C'est toi que nous couronnons Roi.

PAROLES: Charles Rochedieu MUSIQUE: William H. Jude

Ô Viens bientôt, Emmanuel 29

PAROLES: H. Écuyer MUSIQUE: Air Grégorien

Sur la paille fraîche   31

1. Sur la paille fraîche Dort l'enfant si beau. Une pauvre
2. Près, plus près encore De mon petit lit Du soir à l'au-

crè-che Lui sert de ber-ceau. De l'a-zur cé - les-te L'é-
ro - re Car j'ai peur la nuit! Bé - nis, frè - re tendre, Les

toile a sou - ri À l'en-fant qui res-te Si tard en-dor - mi.
au-tres pe - tits. Viens bien-tôt nous pren-dre Dans ton pa - ra - dis.

PAROLES: M. Wargenau-Saillens   MUSIQUE: William J. Kirkpatrick

34 Lorsque le ciel retentit

1. Lors-que le ciel re-ten-tit de lou-an-ges, Et qu'i-ci bas ré-gnait la som-bre nuit, Jé-sus na-quit, plus hum-ble que les an-ges, Pour me sau-ver, si bas il des-cen-dit.
2. Lors-qu'à la croix, le prin-ce de la vi-e La-va, blan-chit mes pé-chés, mes for-faits, Le grand pou-voir de sa grâce in-fi-ni-e Fer-ma l'a-bîme où Satan m'en-traî-nait.
3. Lors-qu'au ma-tin de la gran-de vic-toi-re, Il tri-om-pha de la mort, du tom-beau, Il ef-fa-ça pour tou-jours la mé-moi-re Du noir pas-sé, cet é-cra-sant far-deau!
4. Lors-qu'il vien-dra dans sa ma-gni-fi-cen-ce Ra-vir les siens pour ja-mais dans les cieux, J'en-ton-ne-rai l'hym-ne de dé-li-vran-ce, En ex-al-tant son grand nom pré-ci-eux.

REFRAIN
Bon-heur su-prê-me, mon Sau-veur m'ai-me, Lui qui mou-

PAROLES: J. Hunter MUSIQUE: Charles H. Marsh

Le ministère dans l'Esprit 35

Jésus, revêtu de la puissance de l'Esprit, retourna en Galilée, et sa renommée se répandit dans tout le pays d'alentour.
   Il enseignait dans les synagogues, et il était glorifié par tous.
Il se rendit à Nazareth, où il avait été élevé, et, selon sa coutume, il entra dans la synagogue le jour du sabbat. Il se leva pour faire la lecture,
   **et on lui remit le livre du prophète Ésaïe.
   L'ayant déroulé, il trouva l'endroit où il était écrit:**
L'Esprit du Seigneur est sur moi, parce qu'il m'a oint pour annoncer une bonne nouvelle aux pauvres;
   Il m'a envoyé pour guérir ceux qui ont le cœur brisé,
Pour proclamer aux captifs la délivrance,
   Et aux aveugles le recouvrement de la vue,
Pour renvoyer libres les opprimés,
   Pour publier une année de grâce du Seigneur.
Ensuite, il roula le livre, le remit au serviteur, et s'assit.
   Tous ceux qui se trouvaient dans la synagogue avaient les regards fixés sur lui.
Alors il commença à leur dire:
   Aujourd'hui cette parole de l'Écriture, que vous venez d'entendre, est accomplie.
Et tous lui rendaient témoignage;
   ils étaient étonnés des paroles de grâce qui sortaient de sa bouche.

Luc 4.14-22a

36   Redites-moi l'histoire

1. Redites-moi l'histoire De l'amour de Jésus;
Parlez-moi de la gloire Qu'il promet aux élus.
J'ai besoin qu'on m'instruise, Car je suis ignorant,
Qu'à Christ on me conduise Comme un petit enfant.

2. Redites-moi l'histoire De la crèche à la croix;
Éveillez ma mémoire, Oublieuse parfois.
Cette histoire si belle, Dites-la simplement;
Elle est toujours nouvelle; Répétez-la souvent.

3. Redites-moi l'histoire De mon divin Sauveur;
C'est lui dont la victoire Affranchit le pécheur.
Ce glorieux message, Oh! redites-le moi,
Lorsque je perds courage, Lorsque faiblit ma foi.

4. Redites-moi l'histoire Quand le monde trompeur
Me vend sa vaine gloire Au prix de mon bonheur.
Et quand loin de la terre, Je prendrai mon essor,
En fermant la paupière, Que je l'entende encore!

PAROLES: Ruben Saillens   MUSIQUE: William H. Doane

Source *À Toi la Gloire*. Avec permission.

REFRAIN

Redites-moi l'histoire, Redites-moi l'histoire,
Redites-moi l'histoire, De l'amour de Jésus.

Ô Jésus! ta croix domine 37

1. Ô Jésus! ta croix domine Les temps, les peuples, les lieux;
2. Dans les pages du Saint Livre Les prophètes ont chanté
3. Si, brisé par la souffrance Je défaille quelquefois,
4. Par les douleurs et les joies Que je sois sanctifié.

Partout sa splendeur divine Met en fuite les faux dieux.
Ta mort, qui m'a fait revivre, Ton sang qui m'a racheté!
Je renais à l'espérance Bon Sauveur, près de ta croix!
Puisque tu me les envoies Ô divin Crucifié!

PAROLES: Ruben Saillens   MUSIQUE: Ithamar Conkey

Source *Sur les Ailes de la Foi*. Avec permission.

38 Chef couvert de blessures

1. Chef couvert de blessures, Meurtri par nous pécheurs, Chef accablé d'injures, D'opprobres, de douleurs, Des splendeurs éternelles Naguère environné, C'est

2. C'est ainsi que tu paies Le prix de ma rançon. Tes langueurs et tes plaies, Voilà ma guérison. Mon âme criminelle Est à tes pieds, Seigneur; Dai-

3. Au sein de ma misère, Sauvé par ton amour, Pour toi que puis-je faire? Que t'offrir en retour? Ah! du moins, Dieu suprême, Prends à jamais mon cœur: Qu'il

4. Pour ta longue agonie, Pour ta mort sur la croix, Je veux toute ma vie Te louer, Roi des rois! Ta grâce est éternelle, Et rien jusqu'à la fin Ne

PAROLES: E. Guers   MUSIQUE: Hans Leo Hassler

Quand je contemple cette croix — 39

1. Quand je contemple cette croix Où tu mourus, Prince de gloire, Combien mon orgueil d'autrefois M'apparaît vain et dérisoire!
2. Ô mon Sauveur, ne permets pas Qu'en aucun bien je me confie, Sauf dans le sang que tu versas Pour que ta mort devînt ma vie!
3. Vit-on jamais amour si grand S'unir à douleur plus extrême, Et l'épine, au front d'un mourant, Resplendir comme un diadème?
4. Je voudrais t'apporter, Seigneur, Tout l'univers, en humble offrande; Mais voici ma vie et mon cœur: C'est ce qu'un tel amour demande!

PAROLES: Ruben Saillens
MUSIQUE: W. E. Miller

Source *À Toi la Gloire*. Avec permission.

Le Serviteur Souffrant 41

Qui a cru à ce qui nous était annoncé? Qui a reconnu le bras de l'Éternel?

Il s'est élevé devant lui comme une faible plante,

Comme un rejeton qui sort d'une terre desséchée;

Il n'avait ni beauté, ni éclat pour attirer nos regards,

Et son aspect n'avait rien pour nous plaire.

Méprisé et abandonné des hommes, homme de douleur et habitué à la souffrance,

Semblable à celui dont on détourne le visage, nous l'avons dédaigné, nous n'avons fait de lui aucun cas.

Cependant, ce sont nos souffrances qu'il a portées,

C'est de nos douleurs qu'il s'est chargé;

Et nous l'avons considéré comme puni, frappé de Dieu, et humilié.

Mais il était blessé pour nos péchés, brisé pour nos iniquités;

Le châtiment qui nous donne la paix est tombé sur lui, et c'est par ses meurtrissures que nous sommes guéris.

Nous étions tous errants comme des brebis,

Chacun suivait sa propre voie;

Et l'Éternel a fait retomber sur lui l'iniquité de nous tous.

Parce qu'il a porté les péchés de beaucoup d'hommes, et qu'il a intercédé pour les coupables.

Ésaïe 53.1-6, 12c

42 Tu dors dans ce tombeau

1. Tu dors dans ce tom-beau, Jé - sus, mon frè - re! Ils l'ont fer-mé d'un sceau, Jé - sus, mon Dieu!
2. Le sceau ni les sol - dats, Jé - sus, mon frè - re, Ne te re-tien-dront pas, Jé - sus, mon Dieu!
3. Tu bri - ses sans ef - fort, Jé - sus, mon frè - re, Les por - tes de la mort, Jé - sus, mon Dieu!

REFRAIN
Jé - sus est res - sus - ci - té! Pour tou-jours l'en - fer est domp - té! Com - me lui, tous les fils du Pè - re S'en - vo - le - ront dans la lu - miè - re. Gloire à Dieu! Gloire à Dieu! Al - lé - lu - ia! Gloire à Dieu!

PAROLES: Ruben Saillens
MUSIQUE: Robert Lowry
Source *Sur les Ailes de la Foi*. Avec permission.

Brisant ses liens funèbres 43

1. Brisant ses liens funèbres, Alléluia!
Christ est sorti des ténèbres; Alléluia!
Le ciel, la terre ont chanté: Alléluia!
Jésus est ressuscité. Alléluia!

2. Les Soldats, le sceau, la pierre, Alléluia!
N'ont pu le garder en terre; Alléluia!
Et c'est pour nous qu'au-jour-d'hui, Alléluia!
Le ciel s'ouvre devant lui! Alléluia!

3. Il vit, notre Roi de gloire! Alléluia!
Sépulcre, où est ta victoire? Alléluia!
Il a détruit sans effort, Alléluia!
La puissance de la mort. Alléluia!

4. Puisque ta mort fut suivie, Alléluia!
Du triomphe de la vie, Alléluia!
Je veux, ô mon divin Roi, Alléluia!
Mourir et naître avec toi! Alléluia!

PAROLES: Ruben Saillens   MUSIQUE: *Lyra Davidica*

Source *Á Toi la Gloire*. Avec permission.

44 Á toi la gloire!

PAROLES: Edmond Louis Budry   MUSIQUE: George Frederick Handel

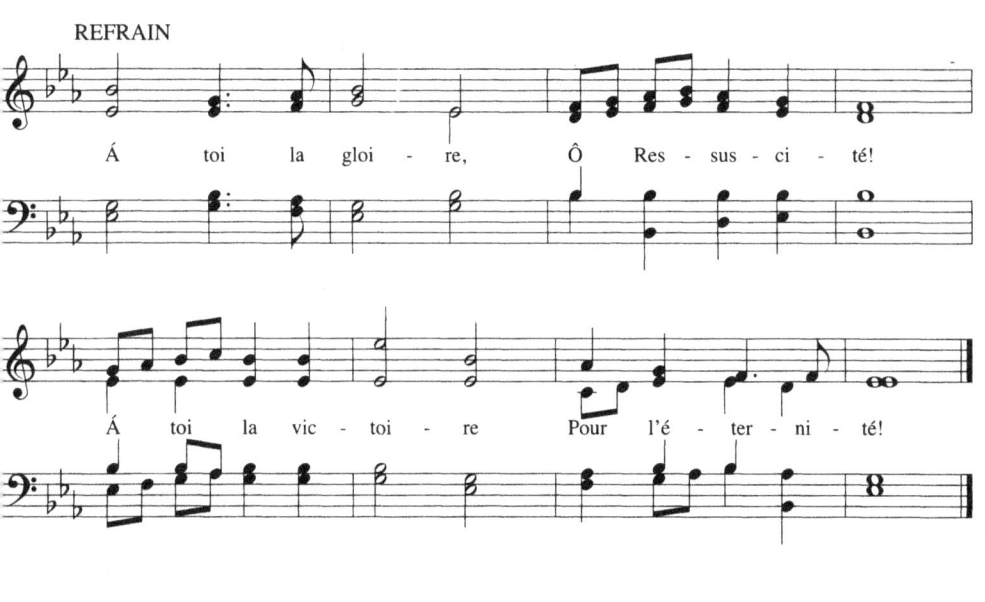

REFRAIN
Á toi la gloi - re, Ô Res - sus - ci - té!
Á toi la vic - toi - re Pour l'é - ter - ni - té!

Jésus-Christ est Seigneur 45

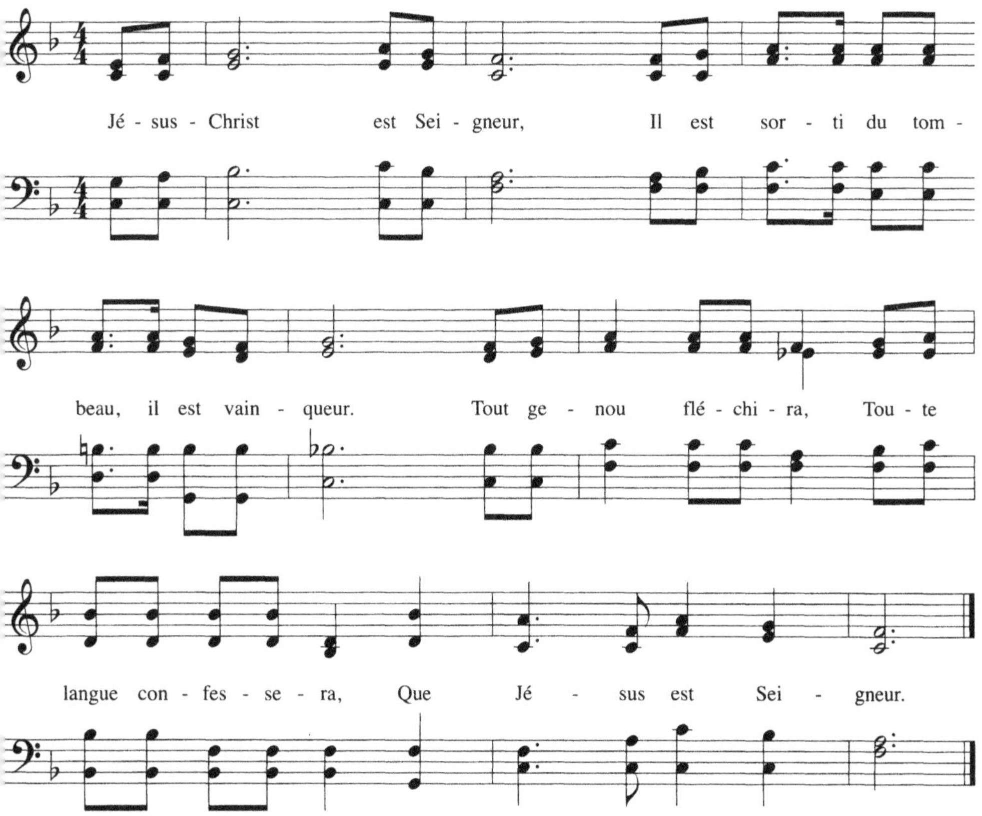
Jé - sus - Christ est Sei - gneur, Il est sor - ti du tom -
beau, il est vain - queur. Tout ge - nou flé - chi - ra, Tou - te
langue con - fes - se - ra, Que Jé - sus est Sei - gneur.

PAROLES: Inconnu

MUSIQUE: Inconnu

46   Jésus, ton règne sans pareil

1. Jésus, ton règne sans pareil, S'étendra sur la terre, Dans tous les lieux où le soleil Fait briller sa lumière.
2. Tous les peuples vont accourir À ton appel suprême, Et tous les rois voudront t'offrir Leur propre diadème.
3. Tu feras de tous tes élus L'humanité nouvelle, Qui doit être, ô Seigneur Jésus, Ton Épouse immortelle!
4. Dès maintenant, gloire à la Croix! Gloire au Sauveur du monde! À Ton amour, ô Roi des rois, Que notre amour réponde!

PAROLES: Ruben Saillens   MUSIQUE: John Hatton

Source *À Toi la Gloire*. Avec permission.

47   Le Seigneur Exalté

C'est pourquoi aussi Dieu l'a souverainement élevé,

> **Et lui a donné le nom qui est au-dessus de tout nom,**

Afin qu'au nom de Jésus tout genou fléchisse dans les cieux, sur la terre et sous la terre,

> **Et que toute langue confesse que Jésus Christ est Seigneur, à la gloire de Dieu le Père.**

Philippiens 2.9-11

Á l'Agneau sur son trône 48

PAROLES: Ruben Saillens
MUSIQUE: George J. Elvey
Source *Á Toi la Gloire*. Avec permission.

49 Vous bondirez de joie

PAROLES: Louise Neuenschwander
MUSIQUE: Stuart Dauermann

Paroles de Steffi Gieser Rubin et musique de Stuart Dauermann, traductions anglaise et française © 1975, renouvelé en 2003 par Lillenas Publishing Company. Tous droits réservés. Utilisé avec permission.

Le Retour de Christ   50

Nous ne voulons pas, frères, que vous soyez dans l'ignorance au sujet de ceux qui dorment, afin que vous ne vous affligiez pas comme les autres qui n'ont point d'espérance.

Car, si nous croyons que Jésus est mort et qu'il est ressuscité, croyons aussi que Dieu ramènera par Jésus et avec lui ceux qui sont morts.

Voici, en effet, ce que nous vous déclarons d'après la parole du Seigneur: nous les vivants, restés pour l'avènement du Seigneur, nous ne devancerons pas ceux qui sont morts.

Car le Seigneur lui-même, à un signal donné, à la voix d'un archange, et au son de la trompette de Dieu, descendra du ciel, et les morts en Christ ressusciteront premièrement.

Ensuite, nous les vivants, qui seront restés, nous serons tous ensemble enlevés avec eux sur des nuées, à la rencontre du Seigneur dans les airs, et ainsi nous serons toujours avec le Seigneur.

Consolez-vous donc les uns les autres par ces paroles.

1 Thessaloniciens 4.13-18

51   Sur les collines éternelles

PAROLES: Charles H. Châtelanat   MUSIQUE: Henri Abraham César Malan

53   Pentecôte

Le jour de la Pentecôte, ils étaient tous ensemble dans le même lieu.

Tout à coup il vint du ciel un bruit comme celui d'un vent impétueux, et il remplit toute la maison où ils étaient assis.

Des langues, semblables à des langues de feu, leur apparurent, séparées les unes des autres, et se posèrent sur chacun d'eux.

Et ils furent tous remplis du Saint Esprit, et se mirent à parler en d'autres langues, selon que l'Esprit leur donnait de s'exprimer.

Or, il y avait en séjour à Jérusalem des Juifs, hommes pieux, de toutes les nations qui sont sous le ciel.

Au bruit qui eut lieu, la multitude accourut, et elle fut confondue parce que chacun les entendait parler dans sa propre langue.

Alors Pierre, se présentant avec les onze, éleva la voix, et leur parla en ces termes:

Hommes Juifs, et vous tous qui séjournez à Jérusalem, sachez ceci, et prêtez l'oreille à mes paroles! Ces gens ne sont pas ivres, comme vous le supposez, car c'est la troisième heure du jour. Mais c'est ici ce qui a été dit par le prophète Joël:

Dans les derniers jours, dit Dieu, je répandrai de mon Esprit sur toute chair;

Vos fils et vos filles prophétiseront,

Vos jeunes gens auront des visions,

Et vos vieillards auront des songes.

Oui, sur mes serviteurs et sur mes servantes, Dans ces jours-là, je répandrai de mon Esprit; et ils prophétiseront.

Alors quiconque invoquera le nom du Seigneur sera sauvé.

Pierre leur dit: Repentez-vous, et que chacun de vous soit baptisé au nom de Jésus Christ, pour le pardon de vos péchés; et vous recevrez le don du Saint Esprit.

Car la promesse est pour vous, pour vos enfants, et pour tous ceux qui sont au loin, en aussi grand nombre que le Seigneur notre Dieu les appellera.

Actes des Apôtres 2.1-6, 14-18, 21, 38-39

Viens, Esprit Saint 54

1. Viens, Esprit Saint, ô viens remplir mon cœur;
Daigne inspirer et bénir ton enfant,
Viens jusqu'à moi dans toute ta splendeur,
Veuille m'aider à t'aimer ardemment.

2. Je ne veux point de grandes visions
Ni de saints anges pour me visiter,
De ta clarté, Esprit Saint, fais-moi don,
Viens m'éclairer en mon obscurité.

3. A mon côté tu es toujours présent,
Tu veux m'aider à lutter vaillamment
Fais que je sache attendre patiemment
De mes prières ton exaucement.

4. Toi, qui jadis au monde fus donné,
Fais que je t'aime d'un céleste amour.
Fais que mon cœur soit un autel sacré
Et que ta flamme brûle tous les jours.

PAROLES: F. du Pasquier MUSIQUE: Frederick C. Atkinson

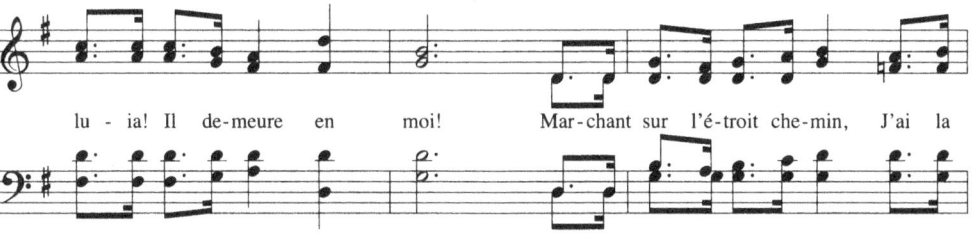

Souffle, Esprit de lumière! 56

PAROLES: Adaptation d'aprés Edwin Hatch   MUSIQUE: Robert Jackson

Esprit descendra
Et de joie vous remplira;
Vous aurez enfin la source de l'eau vive
Jaillissant de votre cœur.

En expirant, le rédempteur — 58

1. En expirant le Rédempteur Laissa, don suprême,
À son peuple un Consolateur: Dieu lui-même.
2. Dans tous les cœurs l'Hôte divin Veut prendre une place,
Et personne n'implore en vain Cette grâce.
3. Sans se lasser, sa douce voix Console ou châtie;
Et tout bas nous chante parfois La Patrie!
4. Toutes nos vertus sont le fruit Dont il est la sève;
Il commence l'œuvre et c'est lui Qui l'achève.
5. Esprit de lumière et de paix, Ah! que dès cette heure,
Nos cœurs deviennent à jamais Ta demeure!

PAROLES: Ruben Saillens
MUSIQUE: John B. Dykes
Source *À Toi la Gloire*. Avec permission.

59 — Dis, sais-tu que Jésus-Christ seul purifie?

1. Dis, sais-tu que Jésus-Christ seul purifie? Es-tu lavé dans le sang de l'Agneau? As-tu confiance en sa grâce infinie? Es-tu lavé dans le sang de l'Agneau?
2. Habites-tu chaque jour en sa présence? Es-tu lavé dans le sang de l'Agneau? Connais-tu de notre Sauveur la puissance? Es-tu lavé dans le sang de l'Agneau?
3. Tes vêtements sont-il purs pour sa venue? Es-tu lavé dans le sang de l'Agneau? Aux cieux ton âme sera-t-elle reçue? Es-tu lavé dans le sang de l'Agneau?

REFRAIN
Oh! veux-tu, oh! veux-tu Que son...

PAROLES: Adaptation d'aprés Elisha A. Hoffman   MUSIQUE: Elisha A. Hoffman

sang cou - le sur ton cœur? Seul il peut ô - ter du pé - ché
la souil - lu - re, De la nei - ge don - ner la blan - cheur.

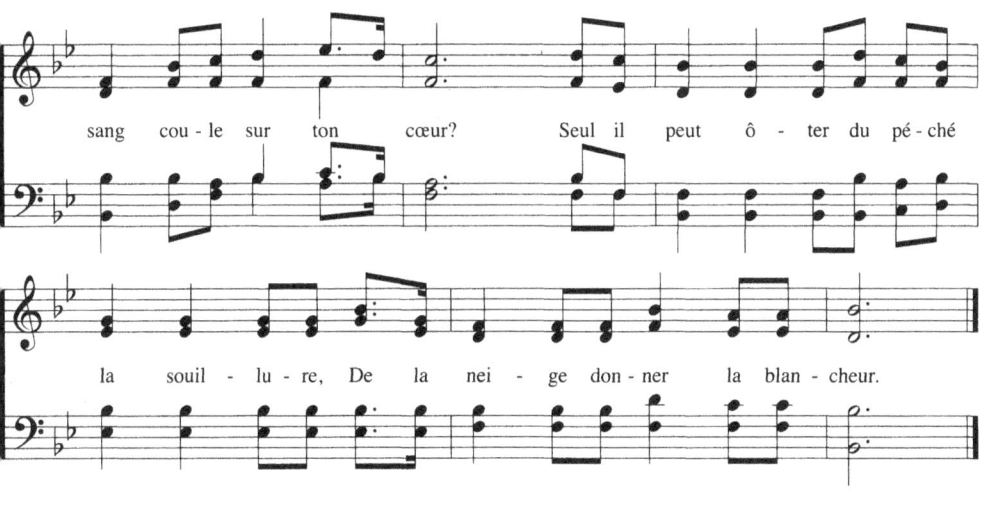

Demain peut-être, je te croirai **60**

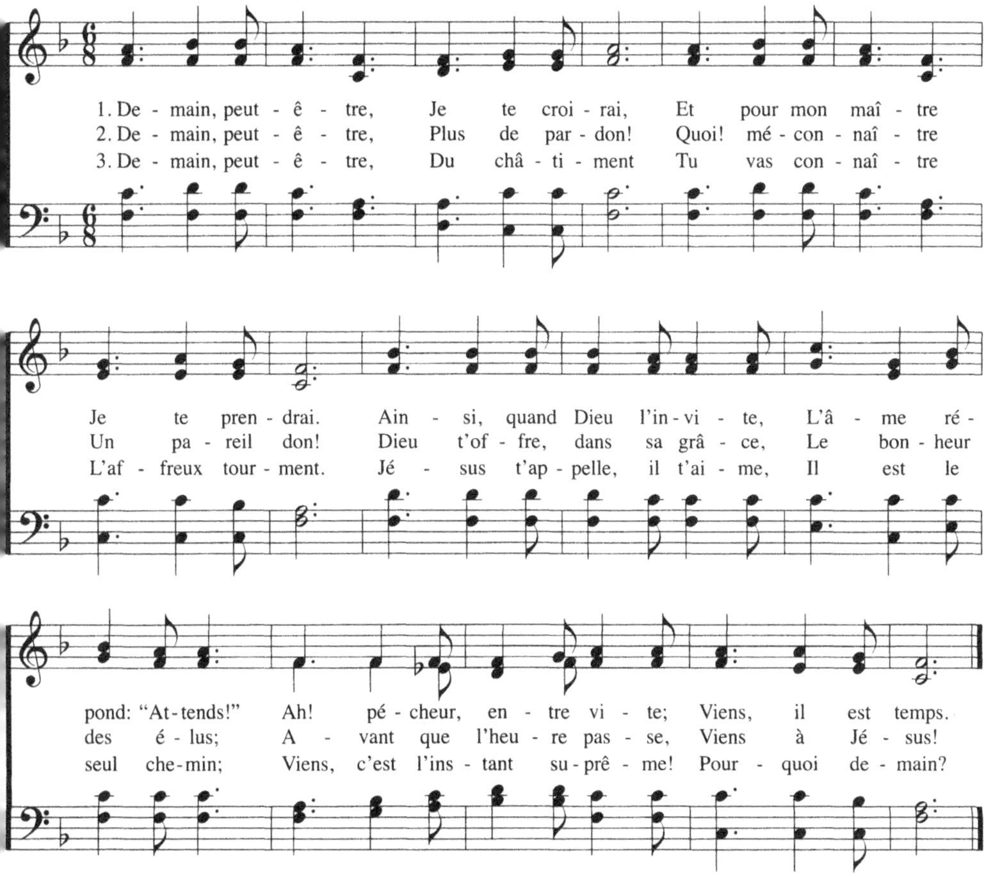
1. De - main, peut - ê - tre, Je te croi - rai, Et pour mon maî - tre
2. De - main, peut - ê - tre, Plus de par - don! Quoi! mé - con - naî - tre
3. De - main, peut - ê - tre, Du châ - ti - ment Tu vas con - naî - tre
Je te pren - drai. Ain - si, quand Dieu l'in - vi - te, L'â - me ré -
Un pa - reil don! Dieu t'of - fre, dans sa grâ - ce, Le bon - heur
L'af - freux tour - ment. Jé - sus t'ap - pelle, il t'ai - me, Il est le
pond: "At - tends!" Ah! pé - cheur, en - tre vi - te; Viens, il est temps.
des é - lus; A - vant que l'heu - re pas - se, Viens à Jé - sus!
seul che - min; Viens, c'est l'ins - tant su - prê - me! Pour - quoi de - main?

PAROLES: Ruben Saillens MUSIQUE: Philip P. Bliss

Source *Sur les Ailes de la Foi.* Avec permission.

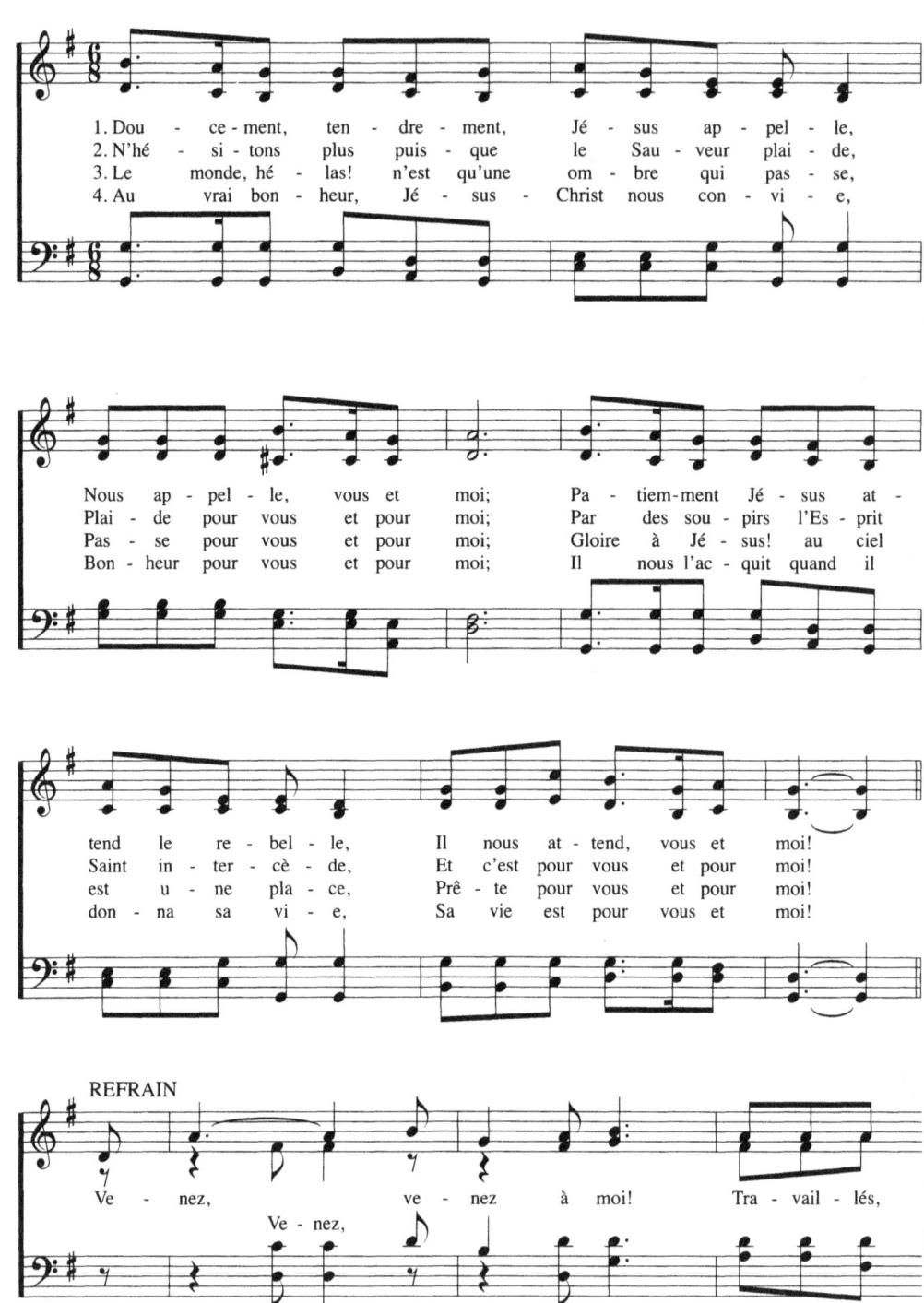

Crois seulement 62

PAROLES: Adaptation d'après Paul Rader
MUSIQUE: Paul Rader

63   Entends-tu? Jésus t'appelle

1. En-tends-tu? Jésus t'appelle; Viens, ô pécheur! il t'attend.
2. Pour le péché, pour le monde, Tu trouves place en ton cœur;
3. Jésus frappe, il frappe encore; Ouvre à ton Libérateur,
4. Aujourd'hui, c'est jour de grâce; Ne compte pas sur demain.

À cette voix si fidèle Tu résistas trop souvent.
Point pour le Sauveur du monde, Rien pour l'homme de douleur!
Et pour toi luira l'aurore Du véritable bonheur.
Pendant que ton Sauveur passe, Saisis sa puissante main!

REFRAIN

Laisse entrer le Roi de gloire; Ouvre ton cœur à Jésus!

Laisse entrer le Roi de gloire, Hâte-toi, ne tarde plus.

PAROLES: Amélie Humbert   MUSIQUE: C. C. Williams

Ô croyez que Dieu vous donne 64

1. Ô croyez que Dieu vous donne Tout ce qu'il promet,
   Un Sauveur qui vous pardonne, Un Sauveur parfait,
   Un Sauveur plein de puissance Sur la terre et dans les cieux,
   Un Sauveur dont la présence Seule rend heureux.

2. Ce Sauveur vous fera vivre Comme il a vécu!
   Vous pourrez partout le suivre Sans être vaincu.
   Jusqu'au bout dans la mêlée, Son bras vous protégera,
   Et dans la sombre vallée Il vous conduira.

3. Ô Jésus, dis-leur toi-même Que ta forte main
   Fait passer celui qui t'aime Par un sûr chemin;
   Que tu veux de toute chute Préserver ton faible enfant,
   Pour qu'il sorte de la lutte Pur et triomphant.

4. Oui, Seigneur, malgré l'orage, Et malgré la nuit,
   Nous voulons prendre courage Forts de ton appui,
   Et joyeux, pleins d'assurance, Nous avancer vers le ciel,
   En saluant à l'avance le jour éternel.

PAROLES: Auguste Glardon MUSIQUE: Robert Lowry

65   Miséricorde insondable

1. Mi - sé - ri - corde in - son - da - ble! Dieu peut-il tout par - don - ner?
2. Long - temps j'ai, loin de sa fa - ce, Pro - vo - qué son saint cour - roux,
3. Ô Jé - sus! à toi, je cè - de, Je veux ê - tre li - bé - ré;
4. Al - lé - lu - ia! plus de dou - te, Mon far - deau m'est en - le - vé;

Ab - soudre un si grand cou - pa - ble, Et mes pé - chés ou - bli - er?
Fer - mé mon cœur à sa grâ - ce, Bles - sé le sien de - vant tous.
De tout pé - ché qui m'ob - sè - de Etre à ja - mais dé - li - vré.
Pour le ciel je suis en rou - te, Heu - reux pour l'é - ter - ni - té.

REFRAIN

Jé - sus, je viens! Je viens à toi! Tel que je suis, je viens à toi!

Jé - sus, je viens! Je viens à toi! Tel que je suis, prends - moi.

PAROLES: Armée du Salut   MUSIQUE: Armée du Salut

Prière de purification 66

Ô Dieu! aie pitié de moi dans ta bonté;
Selon ta grande miséricorde, efface mes transgressions;
Lave-moi complètement de mon iniquité,
Et purifie-moi de mon péché.

Psaume 51.1-2

Tel que je suis, sans rien à moi 67

1. Tel que je suis, sans rien à moi, Si - non ton sang ver - sé pour moi Et ta voix qui m'ap - pelle à toi, A - gneau de Dieu, je viens, je viens!
2. Tel que je suis, bien va - cil - lant, En proie au doute à chaque ins - tant, Lutte au de - hors, crainte au de - dans, A - gneau de Dieu, je viens, je viens!
3. Tel que je suis, ton cœur est prêt A pren - dre le mien tel qu'il est, Pour tout chan - ger, Sau - veur par - fait! A - gneau de Dieu, je viens, je viens!
4. Tel que je suis, ton grand a - mour A tout par - don - né sans re - tour. Je veux être à toi dès ce jour; A - gneau de Dieu, je viens, je viens!

PAROLES: *Cantiques de Réveil*   MUSIQUE: William B. Bradbury

68   Un chrétien, je croyais être

1. Un chrétien, je croyais être. Mais j'ignorais le bonheur.
2. Sa puissance souveraine Maintenant règne sur moi;
3. Et, tranquillement j'avance, M'appuyant sur mon Sauveur.

Que Jésus, mon divin maître, Vient apporter dans un cœur.
Du péché brise la chaîne, Me rend vainqueur par la foi.
Son adorable présence Me donne le vrai bonheur!

REFRAIN

Ô la paix que Jésus donne, Je ne la connaissais pas,

Tout sur mon chemin rayonne, Depuis qu'il conduit mes pas!

PAROLES: E. Schürer   MUSIQUE: Francis Augustus Blackmer

Jésus m'a donné la liberté

Jé-sus m'a don-né la li-ber-té Et il m'a ra-che-té, En mou-rant sur la croix. Jé-sus m'a don-né la li-ber-té, Gloire à Dieu! C'est pour-quoi je veux chan-ter, C'est pour-quoi je veux chan-ter, Mes pé-chés sont par-don-nés, ma vie a chan-gé; C'est pour-quoi je veux chan-ter.

PAROLES: Inconnu   MUSIQUE: Inconnu

Un Espoir Vivant　　71

Béni soit Dieu, le Père de notre Seigneur Jésus Christ,

qui, selon sa grande miséricorde, nous a régénérés, pour une espérance vivante, par la résurrection de Jésus Christ d'entre les morts,

pour un héritage qui ne se peut ni corrompre, ni souiller, ni flétrir, lequel vous est réservé dans les cieux,

à vous qui, par la puissance de Dieu, êtes gardés par la foi pour le salut prêt à être révélé dans les derniers temps!

C'est là ce qui fait votre joie, quoique maintenant, puisqu'il le faut, vous soyez attristés pour un peu de temps par diverses épreuves,

afin que l'épreuve de votre foi, plus précieuse que l'or périssable (qui cependant est éprouvé par le feu), ait pour résultat la louange, la gloire et l'honneur, lorsque Jésus Christ apparaîtra,

lui que vous aimez sans l'avoir vu,

en qui vous croyez sans le voir encore,

vous réjouissant d'une joie ineffable et glorieuse,

parce que vous obtiendrez le salut de vos âmes pour prix de votre foi.

1 Pierre 1.3-9

74 — Je ne sais pourquoi dans sa grâce

1. Je ne sais pourquoi dans sa grâce Jésus m'a tant aimé,
2. Je ne sais comment la lumière Eclaire tout mon cœur,
3. Je ne sais quelle est la mesure De joie et de douleur
4. Je ne sais quand de la victoire L'heure enfin sonnera,

Pourquoi par son sang il efface Ma dette, mon péché.
Comment je compris ma misère Et reçus mon Sauveur.
Que pour moi, faible créature, Réserve mon Sauveur.
Quand l'Agneau, l'Epoux, dans sa gloire Avec lui me prendra.

REFRAIN

Mais je sais qu'en lui j'ai la vie, Il m'a sauvé dans son amour;

Et, gardé par sa main meurtrie, J'attends l'heure de son retour.

PAROLES: Georges Guillod MUSIQUE: James McGranahan

76   Á Jésus je m'abandonne

1. Á Jésus je m'abandonne; Ce qu'il me dit, je le crois,
2. Que si l'ennemi se montre, Mon cœur n'en est point troublé;
3. Suis-je en paix? Vers la lumière Mon chant s'élève, attendri,
4. Qu'on m'approuve ou qu'on me blâme, Et demain comme aujourd'hui,

Et je prends ce qu'il me donne, La couronne avec la croix.
Avec Christ à sa rencontre Je puis aller sans trembler.
Pour se changer en prière Si l'horizon s'assombrit.
Je ne veux, quoi qu'on réclame, Jamais compter que sur lui.

REFRAIN

Compter sur lui d'heure en heure, Tant que dure le combat;

Que l'on vive ou que l'on meure, Je ne compte que sur lui.

PAROLES: Auguste Glardon   MUSIQUE: Felix Mendelssohn

Que l'on vive ou que l'on meu - re, Je ne comp - te que sur lui.

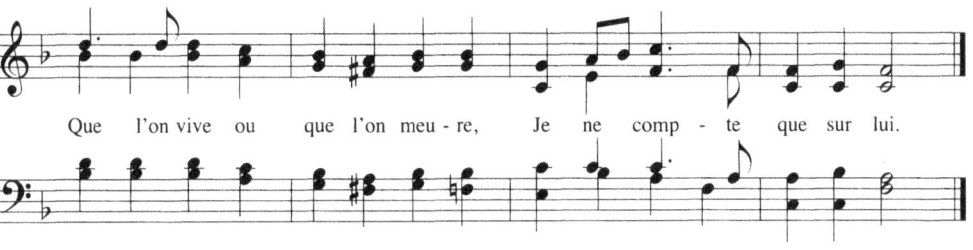

Rien ne peut sauver mon âme 77

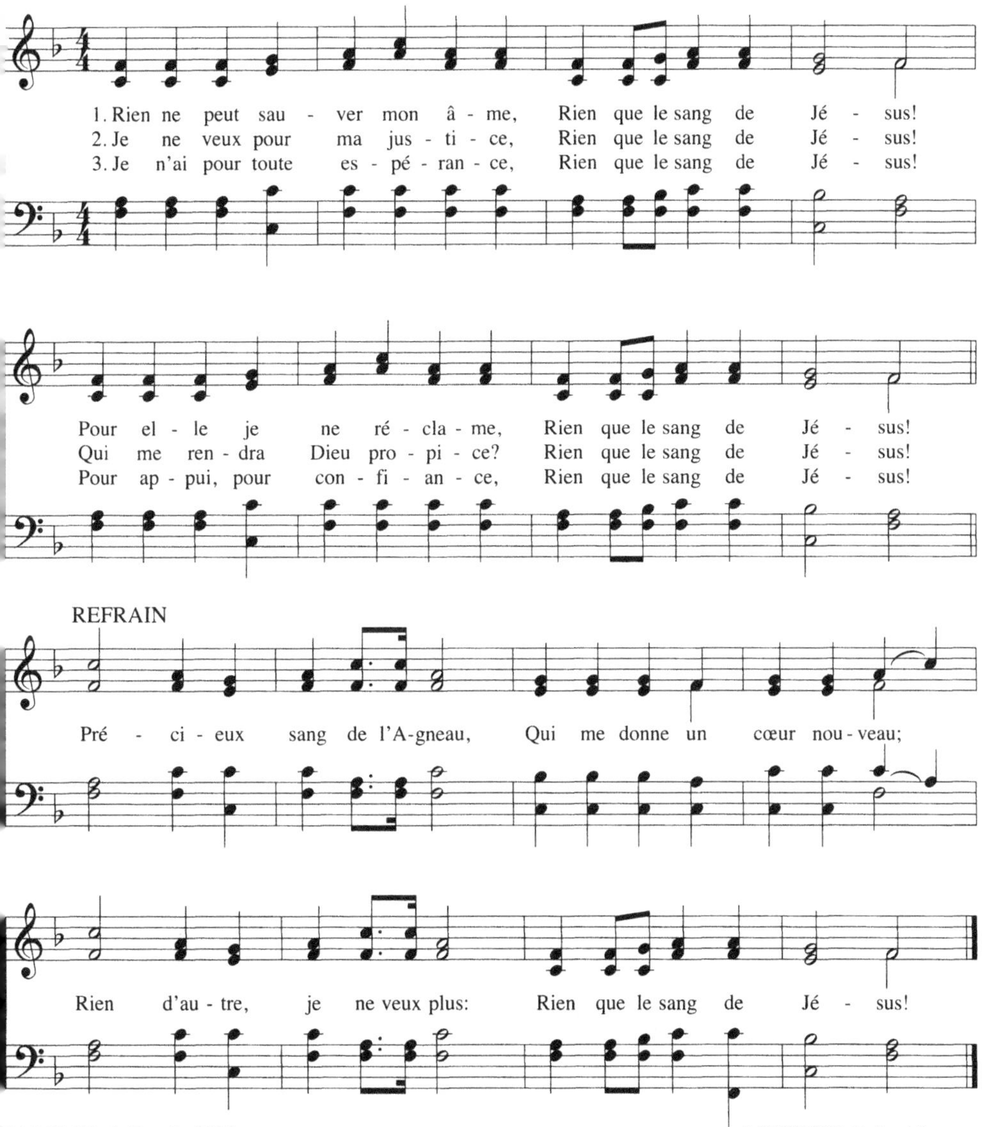
1. Rien ne peut sau - ver mon â - me, Rien que le sang de Jé - sus!
2. Je ne veux pour ma jus - ti - ce, Rien que le sang de Jé - sus!
3. Je n'ai pour toute es - pé - ran - ce, Rien que le sang de Jé - sus!
Pour el - le je ne ré - cla - me, Rien que le sang de Jé - sus!
Qui me ren - dra Dieu pro - pi - ce? Rien que le sang de Jé - sus!
Pour ap - pui, pour con - fi - an - ce, Rien que le sang de Jé - sus!
REFRAIN
Pré - ci - eux sang de l'A-gneau, Qui me donne un cœur nou - veau;
Rien d'au - tre, je ne veux plus: Rien que le sang de Jé - sus!

PAROLES: A. Booth-Clibborn MUSIQUE: Robert Lowry

78   Le cri de mon âme

1. Le cri de mon âme s'élève vers toi.
2. Ta grâce m'appelle, ô Christ, rédempteur.
3. Ô source d'eau vive, pain venu des cieux,

Ma foi te réclame, Jésus, ô mon Roi!
Parole éternelle, habite en mon cœur.
Que par toi, je vive, paisible et joyeux!

Ton joug est facile, ton fardeau léger;
Dans la nuit profonde, tiens-moi par la main,
Quand luira l'aurore du jour éternel,

Sur mon cœur docile, règne, ô bon Berger!
Lumière du monde, luis sur mon chemin!
Que je vive encore pour toi, dans le ciel!

PAROLES: Ruben Saillens   MUSIQUE: Dimitri S. Bortniansky

Source *À Toi la Gloire*. Avec permission.

Dieu Fera pour Vous

Frères, puisque vous avez appris de nous comment vous devez vous conduire et plaire à Dieu, et que c'est là ce que vous faites, nous vous prions et nous vous conjurons au nom du Seigneur Jésus de marcher à cet égard de progrès en progrès.

Vous savez, en effet, quels préceptes nous vous avons donnés de la part du Seigneur Jésus.

Ce que Dieu veut, c'est votre sanctification;

c'est que vous vous absteniez de l'impudicité;

c'est que chacun de vous sache posséder son corps dans la sainteté et l'honnêteté,

sans vous livrer à une convoitise passionnée, comme font les païens qui ne connaissent pas Dieu;

c'est que personne n'use envers son frère de fraude et de cupidité dans les affaires, parce que le Seigneur tire vengeance de toutes ces choses, comme nous vous l'avons déjà dit et attesté.

Car Dieu ne nous a pas appelés à l'impureté, mais à la sanctification.

Celui donc qui rejette ces préceptes ne rejette pas un homme, mais Dieu, qui vous a aussi donné son Saint Esprit.

Pour ce qui est de l'amour fraternel, vous n'avez pas besoin qu'on vous en écrive; car vous avez vous-mêmes appris de Dieu à vous aimer les uns les autres, et c'est aussi ce que vous faites envers tous les frères dans la Macédoine entière.

Mais nous vous exhortons, frères, à abonder toujours plus dans cet amour,

et à mettre votre honneur à vivre tranquilles,

à vous occuper de vos propres affaires,

et à travailler de vos mains, comme nous vous l'avons recommandé,

en sorte que vous vous conduisiez honnêtement envers ceux du dehors, et que vous n'ayez besoin de personne.

Que le Dieu de paix vous sanctifie lui-même tout entiers,

et que tout votre être, l'esprit, l'âme et le corps, soit conservé irrépréhensible, lors de l'avènement de notre Seigneur Jésus Christ!

Celui qui vous a appelés est fidèle, et c'est lui qui le fera.

1 Thessaloniciens 4.1-12, 5.23-24

80 — Moi j'ai décidé de suivre Jésus

1. Moi, j'ai décidé de suivre Jésus. Moi, j'ai décidé de suivre Jésus. Moi, j'ai décidé de suivre Jésus. Je le suivrai, je le suivrai.
2. Prends tout le monde, donnes-moi Jésus. Prends tout le monde, donnes-moi Jésus. Prends tout le monde, donnes-moi Jésus. Je le suivrai, je le suivrai.
3. Le monde derrière moi, la croix devant moi, Le monde derrière moi, la croix devant moi, Le monde derrière moi, la croix devant moi, Je le suivrai, je le suivrai.

PAROLES: Inconnu   MUSIQUE: Mélodie Indienne

81 — Rends-toi maître de mon âme

1. Rends-toi Maître de mon âme, Esprit-Saint, Esprit d'amour,
2. Viens, Esprit de la promesse, Qui nous scella de ton sceau,
3. Forme-nous pour le service De notre divin Sauveur;
4. Esprit de vie et de gloire Conduis-moi de jour en jour,

PAROLES: Edmond Louis Budry   MUSIQUE: A. Cyril Barham-Gould

Et que ta di - vi - ne flam - me   M'em - brase en   ce   jour.
Dé - voi - le - nous   la   ri - ches - se   De l'hé - ri - ta - ge d'en - haut.
Á   ses pieds, en   sa - cri - fi - ce   J'ap - por - te   mon   cœur.
Et   de vic - toire   en   vic - toi - re   Vers le cé - les - te sé - jour.

Seigneur, ta grâce m'appelle — 82

1. Sei - gneur, ta   grâ - ce   m'ap - pel - le,   Par mon
2. C'est pour toi   que   je   veux   vi - vre,   Car toi
3. N'as - tu pas don - né   ta   vi - e   Pour me
4. Ain - si, mon â - me,   cou - ra - ge! Jé - sus

nom tu me con - nais,   Et mon cœur, long - temps re -
seul es mon Ber - ger,   C'est toi seul que je veux
sau - ver, bon Pas - teur?   Gloire à ta grâce in - fi -
mar - che de - vant toi,   Et, jus - qu'au bout du voy -

bel - le,   Se donne à toi pour ja - mais.
sui - vre,   Et non plus un é - tran - ger.
ni - e!   Gloire à toi, mon Ré - demp - teur!
a - ge,   Son a - mour veil - le sur moi.

PAROLES: Edmond Louis Budry   MUSIQUE: Schulz

83   Prends ma vie, elle doit être

1. Prends ma vie, elle doit être À toi
2. Que mes mains à ton service S'offrent
3. Prends ma voix et qu'elle chante Ta grâ-
4. Que mon esprit s'illumine De ta
5. Que ma volonté devienne La ser-
6. Qu'ainsi mon amour répande À tes

seul, ô divin Maître. Que sur le flot
pour le sacrifice, Qu'à te suivre
ce sainte et touchante; Par mes lèvres
sagesse divine; Prends mon argent
vante de la tienne; Fais ton trône
pieds son humble offrande: Prends-moi, dès mes

de mes jours, Ton regard brille toujours!
pas à pas Mes pieds ne faiblissent pas!
que ton Nom Parle aux pécheurs de pardon!
et mon or Et toi seul, sois mon trésor.
de mon cœur: Il t'appartient, bon Sauveur.
premiers jours! Tout à toi seul, pour toujours!

PAROLES: Ruben Saillens   MUSIQUE: George C. Stebbins

Source *À Toi la Gloire.* Avec permission.

85   Ô que mon âme a soif de toi

1. Ô que mon âme a soif de toi, Mon glori-
2. Achève en moi ton grand salut, Mon Sei-gneur
3. Exauce les vœux de mon cœur; Réponds du
4. Détruis tout ce qui reste en moi De char-nel,

eux Sauveur! Les biens présentés à ma foi
Jésus-Christ; Fais-moi vite arriver au but,
haut des cieux Au cri que ton amour vainqueur
de mondain; Je veux me soumettre, ô mon Roi,

REFRAIN

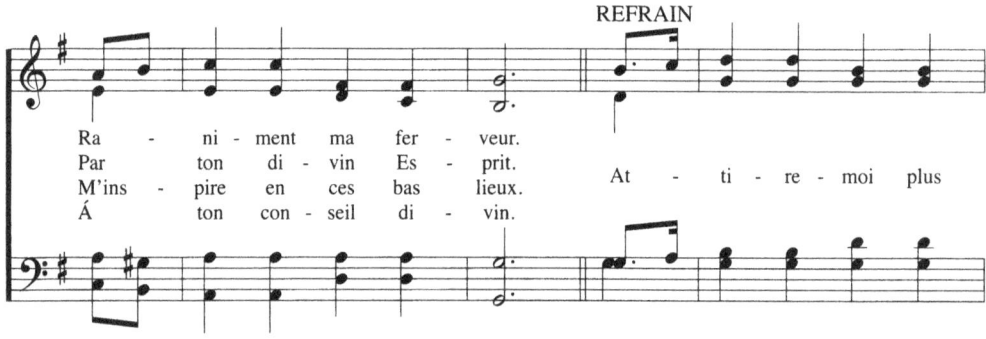

Raniment ma ferveur.
Par ton divin Esprit.
M'inspire en ces bas lieux.   Attire-moi plus
À ton conseil divin.

près, Seigneur, Ton sang seul purifie; Je

PAROLES: Adaptation d'après Fanny J. Crosby   MUSIQUE: William H. Doane

veux de-meu-rer dans ton cœur Et vi-vre de ta vi - e.

Jésus, doux maître, règne en moi   86

1. Jé - sus, doux Maî - tre, Rè - gne en moi, Sou - mets mon
2. Jé - sus, lu - miè - re, Pé - nètre en moi, E - prouve, é -
3. Ô Jé - sus, sour - ce De gué - ri - son, Sois dans ma
4. Je m'a - ban - don - ne, Jé - sus à toi; Dé - truis, par -

ê - tre, Sois-en le Roi; Je suis l'ar - gi - le, Toi, le Po -
clai - re Ma fai - ble foi; Plus blanc que nei - ge Rends-moi, Sei -
cour - se, San - té, par - don; Par ta puis - san - ce, Pro - tè - ge
don - ne Tout mal en moi. Rem - plis mon â - me De ton Es -

tier, Rends - moi do - ci - le, Ton pri - son - nier.
gneur, Et de tout piè - ge, Gar - de mon cœur.
moi; Par ta pré - sen - ce, Ré - vè - le - toi.
prit, Et qu'il m'en - flam - me, Et jour et nuit!

PAROLES: Inconnu   MUSIQUE: George C. Stebbins

87 Jésus, à toi j'appartiens pour jamais

1. Jé-sus, à toi j'ap-par-tiens pour ja-mais, Viens en mon âme ha-bi-ter dé-sor-mais, Di-vi-ne pa-ro-le, bri-se toute i-do-le, Par ton Saint-Es-prit, rends-moi pur com-me toi!
2. Jé-sus, du ciel où ton trône est as-sis, Mon-tre la route à mes pas in-dé-cis. Je te sac-ri-fi-e mon cœur et ma vie! Par ton Saint-Es-prit, rends-moi pur com-me toi!
3. Tu veux, Sei-gneur, un cœur sanc-ti-fi-é; Don-ne le-moi, div-in Cru-ci-fi-é! Sei-gneur, quand ser-ai-je plus blanc que la neige? Par ton Saint-Es-prit, rends-moi pur com-me toi!

REFRAIN
Rends-moi pur com-me toi! Rends-moi

PAROLES: Amélie Humbert MUSIQUE: William G. Fischer

pur com-me toi! Par ton Saint-Es - prit, Rends-moi pur com-me toi!

Seigneur, à ton regard de flamme   88

1. Sei - gneur, à ton re-gard de flam - me Rien n'est cou-vert, rien
2. Son - de nos cœurs et nos pen - sé - es, Nos plus in - ti - mes
3. Qu'à la lu - miè - re tout pa - rais - se Pour que tout soit pu -
4. A - lors, brû-lants d'un nou-veau zè - le, Sei - gneur, nous pour - rons

n'est ca - ché; Qu'il pé - nètre au fond de notre â - me, Et
sou - ve - nirs, Nos oeu - vres pré - sen - tes, pas - sé - es; Son -
ri - fi - é, Et qu'en nous ton Es - prit ne lais - se Rien
t'o - bé - ir. Ô que la vie est grande et bel - le Pour

qu'il juge en nous le pé - ché, Qu'il ju - ge le pé - ché!
de nos plus se-crets dé - sirs, Nos plus se - crets dé - sirs.
qui ne soit sanc-ti - fi - é, Vrai-ment sanc - ti - fi - é.
ceux qui veu-lent te ser - vir, Qui veu - lent te ser - vir!

PAROLES: Edmond Louis Budry   MUSIQUE: Albert L. Peace

89 — Tu recherchais la paix

1. Tu recherchais la paix, la foi tu désirais, Et avec ferveur tu as prié. Mais tu ne peux d'en haut savourer le repos Si tout n'est sur l'autel déposé.
2. Veux-tu garder toujours ses préceptes d'amour Et la douce paix des rachetés? Tu dois lui obéir dans ton moindre désir Et sur l'autel, ton tout déposé.
3. Nous ne pouvons savoir ce que le Dieu de gloire Veut procurer à ses bien-aimés; Si toute notre vie: le corps, l'âme et l'esprit, N'est pas sur son autel déposé.
4. Quel amour règnera quand son Esprit viendra, En nos cœurs quel merveilleux bonheur; Quelle douce unité nous trouvons à ses pieds, Quand tout est sur l'autel déposé.

REFRAIN
Toute ta vie est-elle sur l'autel divin? Ton

PAROLES: Adaptation d'aprés Elisha A. Hoffman MUSIQUE: Elisha A. Hoffman

Que ta beauté 90

PAROLES: Adaptation d'après Albert Orsborn MUSIQUE: Tom Jones

91 — Comme un fleuve immense

1. Comme un fleuve im - men - se Est la paix de Dieu, Par - faite
2. Sous ta main meur - tri - e Se brise, ô mon Roi! Toute arme
3. Tu tra - ces ma voi - e, J'y marche a - vec foi; L'é - preuve
4. O - cé - an de gloi - re, Paix de mon Sau - veur! Ga - ge

elle a - van - ce Vain - queur en tout lieu; Par - faite elle aug -
en - ne - mi - e Fai - te con - tre moi! Rien ne peut me
et la joi - e Me vien - nent de toi! Ca - dran de nos
de vic - toi - re! Tré - sor de bon - heur! Ta grâce in - fi -

men - te Cons - tam - ment son cours; Par - fai - te sa pen - te
nui - re Ni trou - bler mon cœur, Tu veux me con - dui - re,
vi - es, Mar - que cha - que jour Les heu - res bé - ni - es
ni - e, Cou - lant nuit et jour, I - non - de ma vi - e

REFRAIN

S'a - bais - se tou - jours.
Tu se - ras vain - queur. (1,2,3) Fon - dés sur Dieu mê - me, Nos cœurs à ja -
Du so - leil d'a - mour! (4) Se - lon ta pro - mes - se, Ô Jé - sus, mon
De va - gues d'a - mour!

PAROLES: E. Schürer MUSIQUE: James Mountain

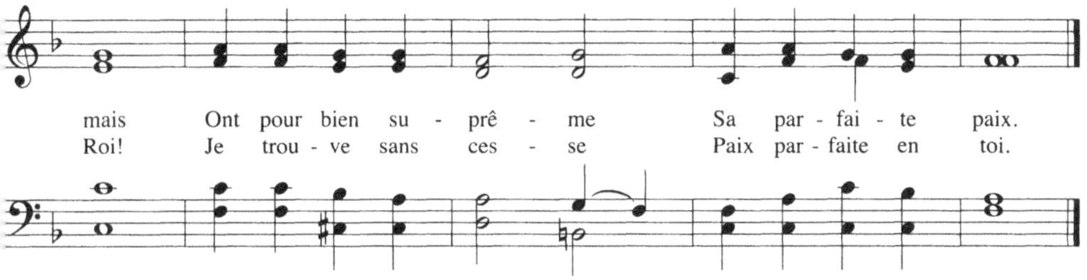

mais Ont pour bien su - prê - me Sa par - fai - te paix.
Roi! Je trou - ve sans ces - se Paix par - faite en toi.

Reste avec nous 92

1. Reste a - vec nous, Sei - gneur, le jour dé - cli - ne, La nuit s'ap-
2. Dans nos com - bats si ta main nous dé - lais - se, Sa - tan vain-
3. Sous ton re - gard, la joie est sainte et bon - ne. Près de ton
4. Et quand, au bout de ce pè - le - ri - na - ge, Nous par - ti-

proche et nous me - na - ce tous: Nous im - plo - rons ta pré - sen-
queur nous tien - dra sous ses coups; Que ta puis - sance ar - me no-
cœur les pleurs mê - me sont doux; Soit que ta main nous frappe ou
rons pour le grand ren - dez - vous, Pour nous gui - der dans ce der-

ce di - vi - ne: Reste a - vec nous, Sei - gneur, reste a - vec nous!
tre fai - bles - se; Reste a - vec nous, Sei - gneur, reste a - vec nous!
nous cou - ron - ne; Reste a - vec nous, Sei - gneur, reste a - vec nous!
nier pas - sa - ge, Reste a - vec nous, Sei - gneur, reste a - vec nous!

PAROLES: F. Chaponnière   MUSIQUE: William H. Monk

93 Bon sauveur, berger fidèle

1. Bon Sauveur, berger fidèle, Conduis-nous par ton amour;
2. Dans tes riches pâturages, Apprends-nous à te chercher;
3. Toi qui nous reçus par grâce, Bien que faibles et pécheurs,
4. Bon Sauveur, berger fidèle, Pour que nous suivions tes pas,

Et, de ta main paternelle, Nourris-nous au jour le jour.
Que sous tes divins ombrages Nous sachions toujours marcher.
Par ta puissance efficace Purifie encore nos cœurs.
Remplis-nous d'un nouveau zèle Et porte-nous dans tes bras.

REFRAIN

Béni sois-tu, tendre maître, Jésus nous sommes à toi,

À toi seul nous voulons être, Béni sois-tu notre roi!

PAROLES: H. Mégroz-Cornaz   MUSIQUE: William B. Bradbury

J'ai soif de ta présence 94

1. J'ai soif de ta pré-sen-ce, Di-vin Chef de ma foi;
2. Des en-ne-mis dans l'om-bre Rô-dent au-tour de moi;
3. Pen-dant les jours d'o-ra-ge, D'obs-cu-ri-té, d'ef-froi,
4. Ô Jé-sus! ta pré-sen-ce, C'est la vie et la paix,

Dans ma fai-blesse im-men-se, Que fe-rais-je sans toi?
Ac-ca-blé par le nom-bre, Que fe-rais-je sans toi?
Quand fai-blit mon cou-ra-ge, Que fe-rais-je sans toi?
La paix dans la souf-fran-ce, Et la vie à ja-mais.

REFRAIN

Cha-que jour, à chaque heu-re, Oh! j'ai be-soin de toi;
Viens, Jé-sus, et de-meu-re Au-près de moi.

PAROLES: Auguste Glardon   MUSIQUE: Robert Lowry

Jésus-Christ est ma sagesse 96

1. Jé - sus - Christ est ma sa - ges - se, Il é - clai - re mon che - min,
2. Jé - sus - Christ est ma jus - ti - ce; Son sang a cou - lé pour moi;
3. Jé - sus - Christ me sanc - ti - fi - e; Au di - vin cep at - ta - ché,
4. Jé - sus, en pay - ant ma det - te, À grand prix m'a ra - che - té,

Et je marche, en ma fai - bles - se, Con - duit par sa sû - re main.
Je trouve en son sa - cri - fi - ce Paix et par - don par la foi.
Je re - çois de lui la vi - e Qui m'af - fran - chit du pé - ché.
Près de lui ma place est prê - te Au ciel, pour l'é - ter - ni - té.

Il é - clai - re mon che - min, Il é - clai - re mon che - min,
Son sang a cou - lé pour moi; Son sang a cou - lé pour moi;
À toi, Jé - sus, at - ta - ché, À toi, Jé - sus, at - ta - ché,
Jé - sus, tu m'as ra - che - té Jé - sus, tu m'as ra - che - té

Et je marche, en ma fai - bles - se, Con - duit par sa sû - re main.
Je trouve en son sa - cri - fi - ce Paix et par - don par la foi.
Je re - çois de toi la vi - e Qui m'af - fran - chit du pé - ché.
Et dé - jà ma place est prê - te Au ciel, pour l'é - ter - ni - té.

PAROLES: Edmond Louis Budry　　　　　MUSIQUE: Silas J. Vail

97 Mort avec Christ d'une mort volontaire

1. Mort a-vec Christ d'u-ne mort vo-lon-tai-re, Je vis au ciel dé-jà
2. Il n'est dou-leurs que son cœur ne par-ta-ge, Il n'est far-deaux dont il
3. À mes sou-pirs s'in-cli-ne son o-reil-le; Lors-que je dors, près de

sur cet-te ter-re; En at-ten-dant son glo-ri-eux re-tour,
ne me sou-la-ge; Il n'est de pleurs qu'il ne dai-gne ta-rir,
moi son cœur veil-le; Quand pour tou-jours mes yeux se fer-me-ront,

REFRAIN

Je suis gar-dé par lui de jour en jour. Jour a-près jour, gar-dé
Il n'est de maux qu'il ne puis-se gué-rir.
Ses bras puis-sants au ciel me por-te-ront.

par ton a-mour, Jour a-près jour, à l'a-bri de ton ai-le, C'est le re-

PAROLES: Ruben Saillens   MUSIQUE: May Whittle Moody

Source *À Toi la Gloire*. Avec permission.

pos et la vie é-ter-nel-le. Je t'ap-par-tiens, ô Sau-veur, pour tou-jours!

Par toi, Jésus, la joie abonde 98

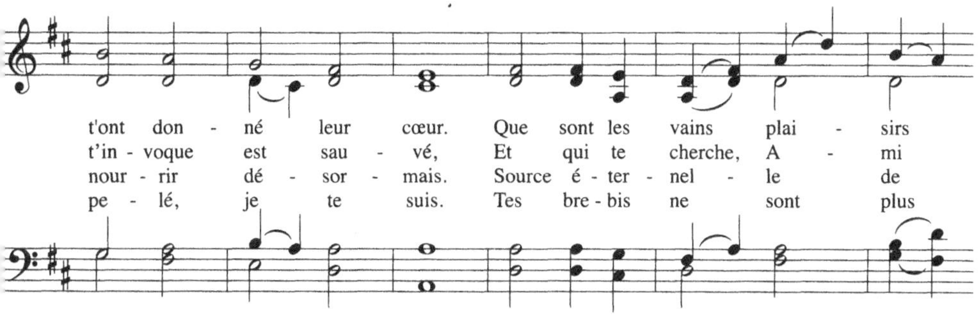

1. Par toi Jé - sus la joie a - bon - de Pour ceux qui t'ont don - né leur cœur. Que sont les vains plai - sirs du mon - de? Toi seul, toi seul es le bon - heur!
2. Pour tous la pro - mes - se est la mê - me; Qui - con - que t'in - voque est sau - vé, Et qui te cherche, A - mi su - prê - me, Dans son cœur t'a dé - jà trou - vé!
3. De toi, seul Pain qui ras - sa - si - e, Je veux me nour - rir dé - sor - mais. Source é - ter - nel - le de la vi - e. Je veux, par toi, vivre à ja - mais!
4. Par ton a - mour, tu me cap - ti - ves; Tu m'as ap - pe - lé, je te suis. Tes bre - bis ne sont plus crain - ti - ves, Bon Ber - ger, quand tu les con - duis!

PAROLES: Ruben Saillens MUSIQUE: John Hatton

Source *À Toi la Gloire*. Avec permission.

99   Dis tout à Jésus!

1. Es-tu lassé, rempli de tristesse? Dis tout à Jésus! Dis tout à Jésus! Son cœur est ouvert à ta voix sans cesse.
2. Il voit tes yeux rougis par les larmes: Dis tout à Jésus! Dis tout à Jésus! Il connaît ton cœur, il sait tes alarmes.
3. Si ton passé surgit comme une ombre: Dis tout à Jésus! Dis tout à Jésus! Il peut effacer tes péchés sans nombre.
4. Et pour demain ce que tu redoutes: Dis tout à Jésus! Dis tout à Jésus! Il est près de toi le long de la route.

REFRAIN
Oh! dis tout à Jésus! Dis tout à Jésus! Oh! dis-lui tout! Combien son accueil est doux. Il peut com-

PAROLES: Armée du Salut   MUSIQUE: Edmund S. Lorenz

Mon Dieu, plus près de toi 100

pren - dre, il aime à t'en-ten-dre: Dis - lui sim - ple-ment tout!

1. Mon Dieu, plus près de toi, Plus près de toi! C'est le mot de ma foi;
2. Plus près de toi, Sei-gneur, Plus près de toi! Tiens - moi dans ma dou-leur
3. Plus près de toi, tou-jours, Plus près de toi! Don - ne-moi ton se - cours,
4. Mon Dieu, plus près de toi, Dans le dé - sert J'ai vu, plus près de toi,

Plus près de toi! Dans le jour où l'é-preu - ve Dé - bor - de
Tout près de toi! A - lors que la souf-fran - ce Fait son œuvre
Sou - tiens ma foi! Que Sa - tan se dé - chaî - ne, Ton a - mour
Ton ciel ou - vert. Pè - le - rin, bon cou - ra - ge! Ton chant bra -

comme un fleu - ve, Gar - de-moi près de toi, Plus près de toi.
en si - len - ce, Tou - jours plus près de toi, Sei - gneur, tiens - moi!
me ra - mè - ne Tou - jours plus près de toi, Plus près de toi.
ve l'o - ra - ge. Mon Dieu plus près de toi, Plus près de toi.

PAROLES: Charles H. Châtelanat MUSIQUE: Lowell Mason

101 Sachez que je suis l'Éternel

1. Sachez que je suis l'Éternel Dieu! Sachez que je suis l'Éternel Dieu! Sachez que je suis l'Éternel Dieu!
2. Je suis l'Éternel qui te guérit. Je suis l'Éternel qui te guérit. Je suis l'Éternel qui te guérit.
3. En toi, Seigneur, je me confie. En toi, Seigneur, je me confie. En toi, Seigneur, je me confie.

PAROLES: D'après Psaume 46:11 MUSIQUE: Inconnu

102 Un Modèle pour la Prière

Lorsque vous priez, ne soyez pas comme les hypocrites, qui aiment à prier debout dans les synagogues et aux coins des rues, pour être vus des hommes.

Mais quand tu pries, entre dans ta chambre, ferme ta porte, et prie ton Père qui est là dans le lieu secret; et ton Père, qui voit dans le secret, te le rendra.

En priant, ne multipliez pas de vaines paroles, comme les païens, qui s'imaginent qu'à force de paroles ils seront exaucés.

Ne leur ressemblez pas; car votre Père sait de quoi vous avez besoin, avant que vous le lui demandiez.

Voici donc comment vous devez prier:

(ensemble) Notre Père qui es aux cieux! Que ton nom soit sanctifié; que ton règne vienne; que ta volonté soit faite sur la terre comme au ciel.

Donne-nous aujourd'hui notre pain quotidien;
pardonne-nous nos offenses, comme nous aussi nous
pardonnons à ceux qui nous ont offensés; ne nous induis
pas en tentation, mais délivre-nous du malin.

Car c'est à toi qu'appartiennent, dans tous les siècles,
le règne, la puissance et la gloire.

Amen!

Matthieu 6.5a,6-13

Moment si doux de la prière — 103

1. Mo-ment si doux de la pri-è-re Où Dieu, m'é-levant jus-qu'à lui, Se ré-vèle à moi comme un Pè-re, Comme un Sau-veur, comme un ap-pui.
2. Oh! oui, je t'aime, heu-re bé-ni-e! Je te dé-sire a-vec ar-deur, Car dé-jà sou-vent dans la vi-e, Tu m'as sau-vé du ten-ta-teur.
3. C'est toi, doux mo-ment de pri-è-re, Qui me trans-por-tes jus-qu'aux cieux, Où Jé-sus, mon A-mi, mon Frè-re, Lui-mê-me pré-sen-te mes vœux.
4. Dé-jà sou-vent dans la tris-tes-se Tu fus ma force et mon es-poir; Pour qui te re-cher-che sans ces-se Ja-mais il n'est de ciel trop noir.

PAROLES: H. Mégroz-Cornaz   MUSIQUE: Lowell Mason

104 — La lutte suprême

1. La lutte suprême Nous appelle tous, Et Jésus lui-même Marche devant nous. Que sa vue enflamme Tous ses combattants Et soutienne l'âme Des plus hésitants!

2. Nous suivons la trace Des saints d'autrefois: Par la même grâce, Sous les mêmes lois, Vivant de miracles, L'Église de Dieu De tous les obstacles Triomphe en tout lieu.

3. Que les ans s'écoulent, Que de toutes parts À grand bruit s'écroulent Trônes et remparts: Sainte citadelle, Ton Chef invincible Ferme contre tout, L'Église fidèle Reste ra debout!

4. En avant, jeunesse! Que ta noble ardeur Jamais ne connaisse Ni honte ni peur: Ton Chef invincible Marche devant toi, Et tout est possible Aux hommes de foi.

5. Reçois, Chef suprême, Monarque éternel, D'un peuple qui t'aime Le vœu solennel! Gloire, amour, hommage Au Ressuscité, Qu'il soit d'âge en âge Partout exalté!

REFRAIN
Du Christ la bannière Se déploie au...

PAROLES: Ruben Saillens
MUSIQUE: Arthur S. Sullivan
Source *À Toi la Gloire*. Avec permission.

vent; Pour la sain-te guer-re, Sol-dats, en a-vant!

L'Armure de Dieu 105

Au reste, fortifiez-vous dans le Seigneur, et par sa force toute-puissante.

Revêtez-vous de toutes les armes de Dieu, afin de pouvoir tenir ferme contre les ruses du diable.

Car nous n'avons pas à lutter contre la chair et le sang,

mais contre les dominations,

contre les autorités,

contre les princes de ce monde de ténèbres,

contre les esprits méchants dans les lieux célestes.

C'est pourquoi, prenez toutes les armes de Dieu, afin de pouvoir résister dans le mauvais jour, et tenir ferme après avoir tout surmonté. Tenez donc ferme:

ayez à vos reins la vérité pour ceinture;

revêtez la cuirasse de la justice;

mettez pour chaussure à vos pieds le zèle que donne l'Évangile de paix;

prenez par-dessus tout cela le bouclier de la foi, avec lequel vous pourrez éteindre tous les traits enflammés du malin;

prenez aussi le casque du salut,

et l'épée de l'Esprit, qui est la parole de Dieu.

Faites en tout temps par l'Esprit toutes sortes de prières et de supplications.

Veillez à cela avec une entière persévérance, et priez pour tous les saints.

Éphésiens 6.10-18

108 Dans le pays de la gloire éternelle

PAROLES: Charles Rochedieu
MUSIQUE: Charles H. Gabriel

110   Sur toi, pierre angulaire

1. Sur toi, Pierre angulaire, Ô Jésus, Fils de Dieu, L'Église, pierre à pierre, S'édifie en tout lieu. Tes élus n'ont qu'une âme, Un espoir, une foi, Et de la
2. Pourtant longue est l'attente! Ah! quand donc serons-nous L'Église triomphante Unie à son Époux? Patiente et fidèle, L'Église sous la Croix, Ô Rédemp-
3. Voici l'aube promise: Tu viens, tu viens, Seigneur Donner à ton Église L'ineffable bonheur! Lève-toi, race élue, Nouvelle humanité, Car voici

PAROLES: Ruben Saillens   MUSIQUE: *Gesangbuch der Herzog*
Source *À Toi la Gloire*. Avec permission.

mê - me flam - me,	Leurs cœurs brû - lent pour toi.
teur t'ap - pel - le	Du cœur et de la voix!
sur la nu - e,	Ton Roi res - sus - ci - té!

Béni soit le lien   111

1. Bé - nis soit le li - en Qui nous u -
nit en Christ, Le saint a - mour, l'a -
mour di - vin Que verse en nous l'Es - prit!

2. Au ciel, vers no - tre Dieu, A - vec joie
et fer - veur, S'é - lè - vent nos chants
et nos vœux, Par - fum doux au Sei - gneur.

3. Nous met - tons en com - mun Nos far - deaux,
nos la - beurs; En Jé - sus nous ne
som - mes qu'un Dans la joie et les pleurs.

4. Si nous de - vons bien - tôt Quit - ter ces
lieux bé - nis, Nous nous re - trou - ve -
rons là - haut. Pour tou - jours ré - u - nis.

PAROLES: Edmond Louis Budry   MUSIQUE: Johann G. Naegeli

Romps-nous le Pain de Vie   113

PAROLES: Ruben Saillens   MUSIQUE: William F. Sherwin

Source *A Toi la Gloire*. Avec permission.

114 Publiez bien haut la grande nouvelle

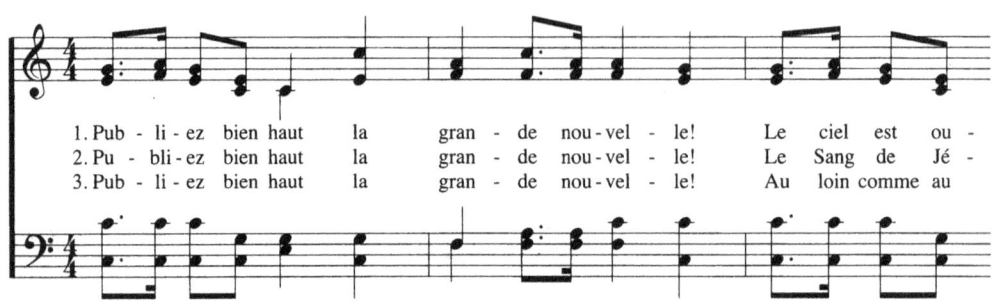

REFRAIN

1. Pub-li-ez bien haut la gran-de nou-vel-le! Le ciel est ou-vert à tout être hu-main. La route est tra-cée, un gui-de fi-dè-le, Vous con-dui-ra par la main.
2. Pu-bli-ez bien haut la gran-de nou-vel-le! Le Sang de Jé-sus a tout ef-fa-cé. Où que vous soy-ez, c'est vous qu'il ap-pel-le, Vous qui l'a-vez of-fen-sé.
3. Pub-li-ez bien haut la gran-de nou-vel-le! Au loin comme au près, fai-tes là cou-rir. Par-tout où se trouve une â-me re-bel-le, Un pé-cheur à se-cou-rir.

Le sa-lut pour tous, le sa-lut par grâ-ce, À tous est of-fert à tous est don-né.

PAROLES: Auguste Glardon   MUSIQUE: Philip P. Bliss

Oh! venez pécheurs, venez le temps passe, Et vous serez pardonnés.

Mission de l'Église 115

Jésus parcourait toutes les villes et les villages,

enseignant dans les synagogues,

prêchant la bonne nouvelle du royaume,

et guérissant toute maladie et toute infirmité.

Voyant la foule, il fut ému de compassion pour elle, parce qu'elle était languissante et abattue, comme des brebis qui n'ont point de berger.

**Alors il dit à ses disciples:
La moisson est grande, mais il y a peu d'ouvriers.**

Priez donc le maître de la moisson d'envoyer des ouvriers dans sa moisson.

Car quiconque invoquera le nom du Seigneur sera sauvé.

Comment donc invoqueront-ils celui en qui ils n'ont pas cru?

Et comment croiront-ils en celui dont ils n'ont pas entendu parler?

Et comment en entendront-ils parler, s'il n'y a personne qui prêche?

**Et comment y aura-t-il des prédicateurs, s'ils ne sont pas envoyés?
Selon qu'il est écrit:
Qu'ils sont beaux les pieds de ceux qui annoncent la paix,
De ceux qui annoncent de bonnes nouvelles!**

Allez, faites de toutes les nations des disciples,

les baptisant au nom du Père, du Fils et du Saint Esprit,

et enseignez-leur à observer tout ce que je vous ai prescrit.

Et voici, je suis avec vous tous les jours, jusqu'à la fin du monde.

Matthieu 9.35-38; Romains 10.13-15; Matthieu 28.19-20

116 Écoutez l'appel du Berger!

1. É-cou-tez l'ap-pel du Ber-ger! Il sait ses bre-bis en dan-ger;
Il les ap-pelle a-vec a-mour, Es-pé-rant tou-jours leur re-tour.

2. Mou-rant de froid, de soif, de faim, Les bre-bis ap-pel-lent en vain.
Jé-sus nous veut pour les sau-ver. Qui va l'ai-der à les trou-ver?

3. Ne peut-il pas comp-ter sur nous? Ne vou-lons-nous pas al-ler tous
Dire à tous ceux qui sont per-dus Que nous les vou-lons pour Jé-sus?

REFRAIN
Cher-chons-les! Cher-chons-les! Sa-vons-nous le prix d'une â-me?
Cher-chons-les! Cher-chons-les! Le bon Ber-ger les ré-cla-me.

PAROLES: Charles Rochedieu   MUSIQUE: William A. Ogden

Comme une terre altérée 117

1. Comme une terre altérée Soupire après l'eau du ciel,
Nous appelons la rosée De ta grâce, Emmanuel!

2. Descends, ô pluie abondante, Coule à flots dans notre cœur,
Donne à l'âme languissante Une nouvelle fraîcheur.

3. Ne laisse en nous rien d'aride, Qui ne soit fertilisé;
Que le cœur le plus avide Soit pleinement arrosé.

4. Oui, que les déserts fleurissent Sous tes bienfaisantes eaux;
Que les lieux secs reverdissent Et portent des fruits nouveaux.

5. Viens, ô salutaire pluie, Esprit de grâce et de paix,
Répands en nous une vie Qui ne tarisse jamais.

REFRAIN
Fraîches rosées, Descendez sur nous tous!
Ô divines ondées, Venez, arrosez-nous!

PAROLES: Edmond Louis Budry MUSIQUE: James McGranahan

118   Jésus quitta le trône de son Père

1. Jé-sus quit-ta le trô-ne de son Pè-re Et des-cen-
2. En tous les lieux por-tant la dé-li-vran-ce, Fai-sant le
3. Il fut clou-é sur la croix mé-pri-sa-ble, Lui, juste et
4. Plus que vain-queur il sor-tit de la tom-be, Gloire à l'A-

dit i-ci bas sur la ter-re; Il ac-cep-ta la crè-
bien, gué-ris-sant la souf-fran-ce, Il par-don-nait au pé-
saint, mou-rut pour moi cou-pa-ble. Pour me sau-ver, son sang
gneau, di-vin Sau-veur du mon-de! Il règne au ciel, in-ter-

che pour ber-ceau, Lui, Roi des rois, le Fils du Dieu très-haut!
cheur re-pen-tant, Il bé-nis-sait jus-qu'au pe-tit en-fant.
fut ré-pan-du; C'est pour-quoi j'ai-me le Sei-gneur Jé-sus!
cè-de pour moi, Et vient bien-tôt me cher-cher: je le crois!

REFRAIN

Oh! oui, c'est vrai! Je sais que c'est vrai! "Il est é-crit": Ce-la suf-fit!

PAROLES: E. Schürer   MUSIQUE: Philip P. Bliss

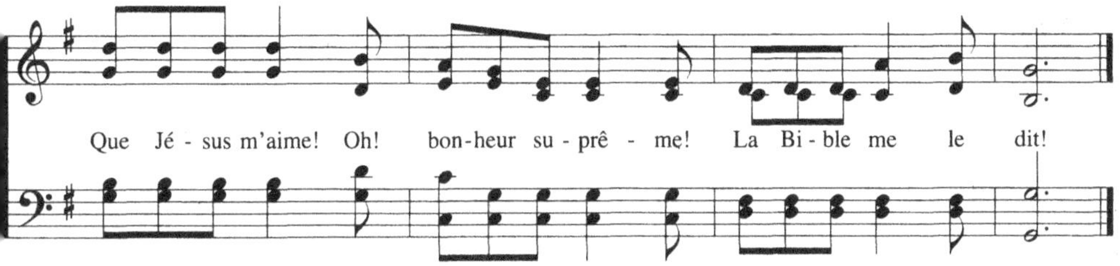
Que Jé - sus m'aime! Oh! bon-heur su - prê - me! La Bi - ble me le dit!

Nul enfant n'est trop petit 119

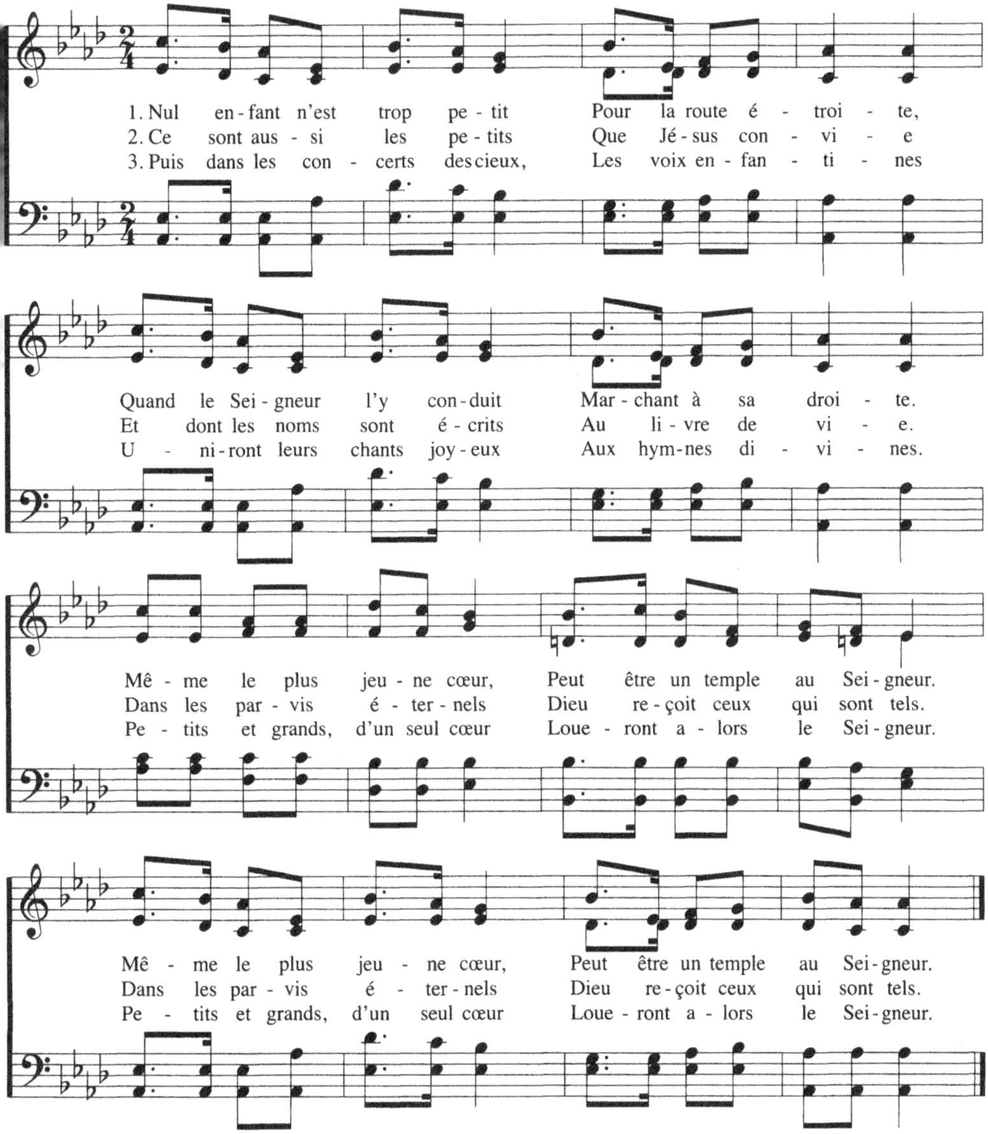
1. Nul en - fant n'est trop pe - tit Pour la route é - troi - te,
2. Ce sont aus - si les pe - tits Que Jé - sus con - vi - e
3. Puis dans les con - certs des cieux, Les voix en - fan - ti - nes
Quand le Sei - gneur l'y con - duit Mar - chant à sa droi - te.
Et dont les noms sont é - crits Au li - vre de vi - e.
U - ni - ront leurs chants joy - eux Aux hym - nes di - vi - nes.
Mê - me le plus jeu - ne cœur, Peut être un temple au Sei - gneur.
Dans les par - vis é - ter - nels Dieu re - çoit ceux qui sont tels.
Pe - tits et grands, d'un seul cœur Loue - ront a - lors le Sei - gneur.
Mê - me le plus jeu - ne cœur, Peut être un temple au Sei - gneur.
Dans les par - vis é - ter - nels Dieu re - çoit ceux qui sont tels.
Pe - tits et grands, d'un seul cœur Loue - ront a - lors le Sei - gneur.

PAROLES: H. Mégroz-Cornaz

MUSIQUE: Air Américain

120 Je viens, Seigneur, à ce baptême

1. Je viens Seigneur à ce baptême,
Où tu descendis avant moi,
Heureux de mourir à moi-même
Afin de vivre comme toi.

2. Après tant d'erreurs et de chutes,
Tant de péchés et de remords.
Je renonce à mes vaines luttes,
Et me réfugie en ta mort.

3. C'est pour moi que tu l'as soufferte,
Victime Sainte, Agneau très doux,
Pour moi Ton âme fut offerte,
Et ton corps meurtri par les clous.

4. Á Ton baptême, à ton calice,
Je veux avoir part en ce jour
Et goûter dans ton Sacrifice,
La douceur de Ton grand amour!

PAROLES: Ruben Saillens MUSIQUE: Lowell Mason

Source *Á Toi la Gloire*. Avec permission.

Ô Dieu, que cette année 121

PAROLES: Théodore de Bèze   MUSIQUE: Heinrich Isaak

122 Quand le vol de la tempête

1. Quand le vol de la tempête Vient as-
2. Quand sur la route glissante Tu chan-
3. Si tu perds dans le voyage Plus d'un
4. Bénis donc, bénis sans cesse Ce Pè-

sombrir ton ciel bleu, Au lieu de baisser la
celles sous ta croix, Pense à cette main puis-
cher et doux trésor, Pense au divin héri-
re qui chaque jour Répand sur toi la ri-

tête, Compte les bienfaits de Dieu.
sante Qui t'a béni tant de fois.
tage Qui là-haut te reste encore.
chesse De son merveilleux amour.

REFRAIN

Compte les bienfaits de Dieu, Mets les

PAROLES: Marcelle Perrenoud MUSIQUE: Edwin O. Excell

Rendre grâce à Dieu 123

Ouvrez-moi les portes de la justice:

J'entrerai, je louerai l'Éternel.

Voici la porte de l'Éternel:

C'est par elle qu'entrent les justes.

Je te loue, parce que tu m'as exaucé,

Parce que tu m'as sauvé.

C'est ici la journée que l'Éternel a faite:

Qu'elle soit pour nous un sujet d'allégresse et de joie!

Tu es mon Dieu, et je te louerai;

Mon Dieu! je t'exalterai.

Louez l'Éternel, car il est bon,

Car sa miséricorde dure à toujours!

Psaume 118.19-21, 24, 28-29

Dieu soit avec toi 125

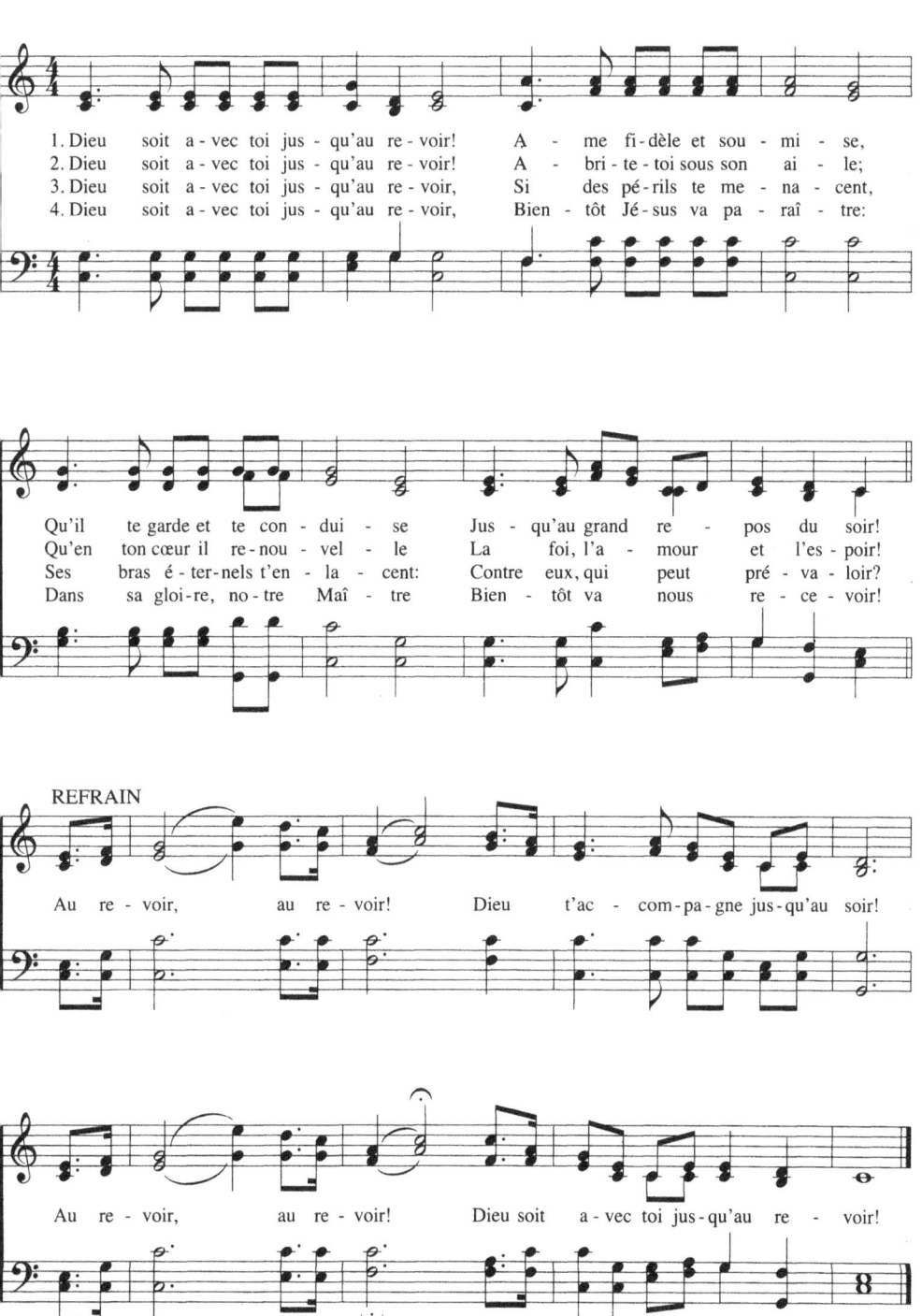

1. Dieu soit a-vec toi jus-qu'au re-voir! A - me fi-dèle et sou - mi - se,
2. Dieu soit a-vec toi jus-qu'au re-voir! A - bri-te-toi sous son ai - le;
3. Dieu soit a-vec toi jus-qu'au re-voir, Si des pé-rils te me-na-cent,
4. Dieu soit a-vec toi jus-qu'au re-voir, Bien - tôt Jé-sus va pa - raî - tre:

Qu'il te garde et te con-dui - se Jus-qu'au grand re - pos du soir!
Qu'en ton cœur il re-nou-vel - le La foi, l'a - mour et l'es-poir!
Ses bras é-ter-nels t'en-la - cent: Contre eux, qui peut pré-va-loir?
Dans sa gloi-re, no-tre Maî - tre Bien - tôt va nous re-ce-voir!

REFRAIN
Au re - voir, au re - voir! Dieu t'ac-com-pa-gne jus-qu'au soir!
Au re - voir, au re - voir! Dieu soit a-vec toi jus-qu'au re - voir!

PAROLES: Ruben Saillens MUSIQUE: William G. Tomer

Source *Sur les Ailes de la Foi*. Avec permission.

Index alphabétique du titre des lectures

Dieu fera pour vous (1 Thessaloniciens 4.1-12, 5.23-24) 79
La suprématie de Christ (Colossiens 1.15-20) 27
L'armure de Dieu (Éphésiens 6.10-18) 105
Le ministère dans l'Esprit (Luc 4.14-22a) 35
Le retour de Christ (1 Thessaloniciens 4.13-18) 50
Le Seigneur exalté (Philippiens 2.9-11) 47
Le serviteur souffrant (Ésaïe 53.1-6, 12c) 41
Le Symbole des Apôtres 23
Mission de l'Église (Matthieu 9.35-38; Romains 10.13-15; Matthieu 28.19-20) ... 115
Notre Père prendra soin (Matthieu 6.25-26) 18
Nous croyons 2
Pentecôte (Actes des Apôtres 2.1-6, 14-18, 21, 38-39) 53
Prière de purification (Psaume 51.1-2) 66
Qui nous séparera? (Romains 8.38-39) 16
Rendre grâce à Dieu (Psaume 118.19-21, 24, 28-29) 123
Symbole de Nicée 4
Un espoir vivant (1 Pierre 1.3-9) 71
Un modèle pour la prière (Matthieu 6.5a, 6-13) 102

Index des lectures bibliques

Psaume 51.1-2
    Prière de purification 66

Psaume 118.19-21, 24, 28-29
    Rendre grâce à Dieu 123

Ésaïe 53.1-6, 12c
    Le serviteur souffrant 41

Matthieu 6.5a, 6-13
    Un modèle pour la prière 102

Matthieu 6.25-26
    Notre Père prendra soin 18

Matthieu 9.35-38; 28.19-20
    Mission de l'Église 115

Luc 4.14-22a
    Le ministère dans l'Esprit 35

Actes des Apôtres 2.1-6, 14-18, 21, 38-39
    Pentecôte 53

Romains 8.38-39
    Qui nous séparera? 16

Romains 10.13-15
    Mission de l'Église 115

Éphésiens 6.10-18
    L'armure de Dieu 105

Philippiens 2.9-11
    Le Seigneur exalté 47

Colossiens 1.15-20
    La suprématie de Christ 27

1 Thessaloniciens 4.1-12
    Dieu fera pour vous 79

1 Thessaloniciens 4.13-18
    Le retour de Christ 50

1 Thessaloniciens 5.23-24
    Dieu fera pour vous 79

1 Pierre 1.3-9
    Un espoir vivant 71

Index d'auteurs, de compositeurs, et de sources

m. = musique; p. = paroles

Air Américain m.119
Air Grégorien m.29
Atkinson, Frederick C. m.54

Barham-Gould, A. Cyril m.81
Bennard, George m.40; p.40
Benoit, Claire-Lise de p.15
Bèze, Théodore de p.10, 14, 121
Blackmer, Francis Augustus m.68
Bliss, Philip P. m.60, 114, 118
Booth-Clibborn, A. p.77
Bortniansky, Dimitri S. m.78
Bourgeois, Louis m.14
Bradbury, William B. m.67, 93
Budry, Edmond Louis p.5, 30, 44,
   81, 82, 88, 96, 111, 112, 117
Buffum, Herbert m.55

Cantiques de Réveil p.67
Chants de la Ligue p.70
Chaponnière, F. p.92
Châtelanat, Charles H. m.34; p.51, 100
Chœurs et Cantiques p.57
Conkey, Ithamar m.37
Croft, William m.19
Crosby, Fanny J. p.85
Crüger, Johann m.26, 124

Dagues, P. m.10
Dauermann, Stuart m.11, 49; p.11
Doane, William H. m.7, 36, 52, 85
Dykes, John B. m.58

Ecuyer, H. p.29
Elvey, George J. m.48
Empaytaz, Henri Louis p.3, 6, 24
Excell, Edwin O. m.122

Fischer, William G. m.87

Gabriel, Charles H. m.70, 108
Gesangbuch der Herzog m.110

Giardini, Felice de m.32
Glardon, Auguste . p.22, 64, 76, 94, 114
Gruber, Franz m.33
Guers, E. p.38
Guillod, Georges p.73, 74

Handel, George Frederick m.44
Hassler, Hans Leo m.38
Hatch, Edwin p.56
Hatton, John m.46, 98
Haydn, Johann Michael m.5
Hoffman, Elisha A. . m.59, 89; p.59, 89
Humbert, Amélie p.63, 87
Hunter, J. p.34

Inconnu m.6, 8, 12, 25, 45, 69, 101;
   p.8, 12, 25, 26, 45, 52, 69, 80, 86
Isaak, Heinrich m.121

Jackson, Robert m.56
Jones, Tom m.90
Jones, Lewis E. m.73
Jude, William H. m.28

Katholisches Gesangbuch m.3
Kirkpatrick, William J. m.31

Lehman, Frederick M. m.15
Lorenz, Edmund S. m.99
Lowry, Robert m.42, 64, 77, 94
Luther, Martin m.13
Lyra Davidica m.43

Malan, Henri Abraham César . . . m.51
Martin, Civilla D. p.17
Martin, W. Stillman m.17
Mason, Lowell m.100, 103, 120
McGranahan, James . m.20, 22, 74, 117
Mégroz-Cornaz, H. . p.33, 93, 103, 119
Mélodie Indienne m.80
Mendelssohn, Felix m.30, 76

Miller, W. E. m.39
Monk, William H. m.92
Moody, May Whittle m.97
Morris, Lelia N. m.1, 57
Mountain, James m.91, 95

Naegeli, Johann G. m.111
Neuenschwander, Louise p.49

Ogden, William A. m.116
Orsborn, Albert p.90

Pasquier, F. du p.54
Peace, Albert L. m.88
Perrenoud, Marcelle p.122
Psalmodie Morave m.112
Psaume 46:11 .... p.101

Rader, Paul m.62; p.62
Redhead, Richard m.75
Rinkart, Martin p.124
Rochedieu, Charles p.20, 28, 72, 84, 107, 108, 109, 116

Saillens, Ruben .p.13, 32, 36, 37, 39, 42, 43, 46, 48, 58, 60, 75, 78, 83, 95, 97, 98, 104, 106, 110, 113, 120, 125
Salut, Armée du m.65; p.65, 99
Sautter, Blanche p.21
Schlesische Volkslieder m.21
Schulz m.82
Schürer, E. p.7, 61, 68, 91, 118
Seaman, John p.1
Shanks, D. M. p.55
Sherwin, William F. m.113
Siordet, J. E. p.19
Stebbins, George C. m.72, 83, 86
Stralsund Gesangbuch m.9
Sullivan, Arthur S. m.104

Thompson, Will L. m.61
Tomer, William G. m.107, 125
Tullar, Grant C. m.109

Vail, Silas J. m.96
Vincent, Jules p.9

Wargenau-Saillens, M. p.31
Webb, George J. m.106
Weeden, Winfield S. m.84
Williams, C. C. m.63
Wlf-Hauloch m.24

Index alphabétique

Á Dieu soit la gloire 7
Á Jésus je m'abandonne 76
Á l'Agneau sur son trône 48
Á toi la gloire! 44

Béni soit le lien 111
Bénis mon âme 8
Bénissez l'Éternel 12
Bénissons Dieu notre Roi 9
Bon sauveur, berger fidèle 93
Brisant ses liens funèbres 43

C'est un rempart que notre Dieu 13
Chantons du Sauveur la tendresse ... 20
Chef couvert de blessures 38

Chrétiens, peuple fidèle 24
Comme un fleuve immense 91
Comme une terre altérée 117
Crois seulement 62

Dans le pays de la gloire éternelle .. 108
De Dieu l'amour éternel 95
Debout, sainte cohorte 106
Demain peut-être, je te croirai 60
Dieu soit avec toi 125
Dis, sais-tu que Jésus Christ
    seul purifie? 59
Dis tout à Jésus! 99
Doucement, tendrement 61
Du cœur et de la voix 124

Écoutez l'appel du Berger! 116
Écoutez! le chant des anges 30
En expirant, le rédempteur 58
Entends-tu? Jésus t'appelle 63
Entre tes mains j'abandonne 84
Éternel, tu fus notre appui 19

Grand Dieu, nous te bénissons 3
Grandes et merveilleuses 11

Ils étaient cent vingt fidèles 52

J'ai soif de ta présence 94
J'aime mon Dieu 10
Je l'ai trouvé 72
Je ne sais pourquoi dans sa grâce 74
Je viens, Seigneur, à ce baptême 120
Jésus, à toi j'appartiens pour jamais . 87
Jésus, doux maître, règne en moi 86
Jésus m'a donné la liberté 69
Jésus quitta le trône de son Père 118
Jésus soit avec vous 107
Jésus, ton règne sans pareil 46
Jésus-Christ est ma sagesse 96
Jésus-Christ est Seigneur 45

L'amour de Dieu 15
La lutte suprême 104
Le cri de mon âme 78
Les cieux et la terre 5
Lorsque le ciel retentit 34

Merveilleux changement 70
Miséricorde insondable 65
Moi j'ai décidé de suivre Jésus 80
Moment si doux de la prière 103
Mon Dieu, plus près de toi 100
Mort avec Christ d'une mort
    volontaire 97

Ne craignez rien en ce monde 17
Nuit et jour 55
Nul enfant n'est trop petit 119

Ô Christ, éternel rocher 75
Ô croyez que Dieu vous donne 64
Ô Dieu, que cette année 121

Ô Jésus ma joie 26
Ô Jésus, tu nous appelles 112
Ô Jésus! ta croix domine 37
Ô nom divin, nom rédempteur 28
Ô que mon âme a soif de toi 85
Ô quel bonheur de le connaître 22
Ô Viens bientôt, Emmanuel 29

Par toi, Jésus, la joie abonde 98
Prends ma vie, elle doit être 83
Publiez bien haut la grande
    nouvelle 114

Quand je contemple cette croix 39
Quand le vol de la tempête 122
Que ta beauté 90
Redites-moi l'histoire 36
Rends-toi maître de mon âme 81
Reste avec nous 92
Rien ne peut sauver mon âme 77
Romps-nous le Pain de Vie 113

Sachez que je suis l'Éternel 101
Saint, saint, saint est l'Éternel 6
Sainteté à l'Éternel 1
Seigneur, à ton regard de flamme . . . 88
Seigneur, ta grâce m'appelle 82
Souffle, Esprit de lumière! 56
Sous un ciel ténébreux 40
Sur la paille fraîche 31
Sur les collines éternelles 51
Sur toi, pierre angulaire 110

Tel que je suis, sans rien à moi 67
Terre, chante de joie 32
Toi qui disposes 21
Ton nom est admirable 25
Tu dors dans ce tombeau 42
Tu recherchais la paix 89

Un chrétien, je croyais être 68

Veux-tu briser 73
Viens, Esprit Saint 54
Voici noël, ô douce nuit 33
Voir mon sauveur 109
Votre cœur soupire-t-il 57
Vous bondirez de joie 49
Vous qui sur la terre habitez 14